Atatürk'ün başyaveri Salih Bozok anlatıyor

LATİFE VE FİKRİYE

İKİ AŞK ARASINDA

ATATÜRK

TRUVA YAYINLARI®

Yayın No: 32

Atatürk'ün Başyaveri Salih Bozok Anlatıyor
Latife ve Fikriye
İki Aşk Arasında Atatürk

Yazarı: **İsmet Bozdağ**

Yayın Danışmanı	:	Abdullah Şahin
Yayın Editörü	:	Burak Fazıl Çabuk
Redaksiyon	:	Selman Kılınç
Bilgisayar Uygulama	:	Truva Ajans
Kapak Tasarımı	:	Emirhan Akyüz
Baskı-Cilt	:	Kilim Matbaacılık Ltd. Şti. Litros Yolu Fatih Sanayi Sitesi no: 12/204 Topkapı (0212) 612 95 59

1. Baskı Ocak 2005
3. Baskı Haziran 2005

ISBN: 975-6237-31-7

TRUVA YAYINLARI®
Hocapaşa Mah. Dervişler Sok. No. 9 Kat: 4 Sirkeci/İSTANBUL
Tel: (0212) 513 85 44-45
Fax: (0212) 528 71 12
www.truvayayinlari.com
e-mail: truvayayinlari@truvayayinlari.com

İsmet Bozdağ

Atatürk'ün başyaveri Salih Bozok anlatıyor

LATİFE VE FİKRİYE

İKİ AŞK ARASINDA

ATATÜRK

TRUVA®

İSMET BOZDAĞ

Araştırmacı-Yazar. Daha çok yakın tarihle ilgili araştırmalarıyla tanınmıştır.

1916 yılında Bursa'da doğdu, ilk ve orta öğrenimini burada tamamladıktan sonra İstanbul Üniversitesi İktisat Fakültesi, Gazetecilik Enstitüsü'nü bitirdi.

Vatan, Tasvir, Son Posta, Hürriyet, Günaydın, Milliyet, Güneş ve *Tercüman* gazetelerinde yazılar yazdı. Yakın tarihle ilgili elliye yakın eseri bulunmaktadır.

Truva'da Yayınlanan Eserleri:

Harem Penceresinden İkinci Abdülhamit

Kürt İsyanları

Darağacında Bir Başbakan, Menderes Menderes

İÇİNDEKİLER

AŞK KAPIYI ÇALMADAN GELİR

GİRİŞ

Atatürk ve Salih Bozok, sadece iki meslektaş, iki arkadaş, iki dost değil; BÜTÜNLEŞMİŞ iki insandır!..

Nasıl elimize bir iğne battığı zaman, acıyı bütün vücudumuz paylaşırsa; tıpkı onun gibi, Mustafa Kemal Paşa'nın bir siyasal tedirginliği, Salih Bozok'la büyük saygı ile bağlı olduğu İsmet İnönü'yü TBMM'de sığaya çekmesine engel olamaz! Sorar: "Hipodroma gitmekten, kendini alkışlatmaktan ne bekliyordun?.."

Aslında bu soruyu kendi kendine soran ve kendi eliyle Başbakanlığa yükselttiği İsmet Paşa'dan öğrenmek isteyen, Atatürk'ün ta kendisidir!

Ama Başbakanlıktan uzaklaştırılmasından sonra en başta; sürekli Özel Kalem Müdürlüğü'nü yürüten Vedid Bey olmak üzere bütün yakın çevresi hizmetine bırakıldığı halde, "para çekmek" bahanesiyle, yürüyerek bankaya gitmeleri; şehrin göbeği sayılacak yerlerde uzun sabah yürüyüşleri yapmaları ve kendisini Harbiyeli gençlere alkışlatmalarının; Hipodrom cakalarının bir anlamı olması gerekti!..

Mustafa Kemal Paşa, bunu İsmet Paşa'dan öğrenemezdi... Ama, Mustafa Kemal Paşa'nın aklından geçeni çok iyi bilen Başyaver ve Milletvekili Salih Bozok, uzun parlamento hayatının tek sözlü sorusunu, bu konuyu ayrıntılarıyla öğrenmek için kullanmakta duraksamadı bile... İsmet Paşa'nın bu soruya verdiği karşılığı, ilerki sayfalarda okuyacaksınız... Karar sizindir...

Salih Bozok, Atatürk için her türlü fedakârlığı göze alır da Mustafa Kemal Paşa kayıtsız mıdır Bozok'a karşı... Atatürk'ün, Cumhurbaşkanı olarak bütün sofralarında yeri olan sıcak bir dostu ve arkadaşıdır Salih Bozok...

Daha Trablusgarb'ı İtalyanlara karşı savunmak için Mısır'dan geçerken yazdığı mektuplarda, bakın Salih Bozok ne kadar sıcak ve övgülü bir dille anlatılır. Mustafa Kemal Paşa'nın "Gazeteci Şerif" İmzasıyla yazdığı bu mektupta, Salih Bozok'a nasıl bir güven ve içtenlikle bağlı olduğu apaçık görülüyor. Nitekim 2 Kasım 1911 tarihli ve İskenderiye'den postalanmış mektubunda Fuat Bulca ve Nuri Conker'le İskenderiye'de buluştuklarını ve Trablusgarb'a birlikte geçeceklerini yazdığı mektuba şöyle başlıyor:

Hazreti Salih,

Seni de kucaklamak çaresini bulamadığımız için çok üzgünüm. Ama zarar yok, yüreklerimiz ve fikirlerimiz bir olsun! Ben yolculuğun bir noktasında, bakılmam ve iyileşmem için İskenderiye'ye geldim.

Mustafa Kemal Paşa'nın bu kadar arkadaşça yazıştığı başka bir arkadaşı yoktur. Bir parçasını aşağıya aldığım mektup da bu içtenliğin ne ölçütlere uzandığını gösterir:

Güzel Salih'im,

Güzelliklerle yüklü mektuplarınızı açık olarak alıyorum. Her seferinde sizi bütün içtenliğim ve sıcak sevgimle gözümün önüne getirir ve vicdanım lezzetle titrer. Ama, artık Fuad'ın evlenmiş olması, senin zaten evli bulunman yüzünden azcık ciddileşeceğiz öyle değil mi?.. Bir süre de kalemini ciddi konularda yürütmeye çalış bakalım nasıl olacak?..

Fuat Bulca'nın evliliği, Mustafa Kemal Paşa'yı bir hayli etkilemiş görünüyor. Salih Bozok'a yazdığı bir mektubunda bu konuyu bakınız nasıl heyecanla anlatıyor:

Güzel Gözlü, Burma Bıyıklı Salih'im,

Yeni evlenmiş kişinin gönlü aşk, mutluluk, yaşamak duygularıyla kaplıdır. Bu, zamanların en değerlisidir. İnsanlar yaşamlarında bu türlü sevinçli dakikaları ölünceye kadar hep aynı biçimde duygulanarak, pek önemli ve yaşamı için tarihi bir olay olarak hatırlayıp düşünürler. Sen bunu kendinden bilirsin.

Ben bunu denemedim ama, az çok yaşayanları göre-değerlendire bu sonuca vardım. Yaşamın gerekçesinden birkaçını görenler, sırrı çözülmemiş cevherini de –ister istemez- fark ederler. Bu gözlem pek tatlı olabildiği gibi, pek acı da olabilir... Biz Fuad için, güzel ve mutlu görüntülerle evliliğin sürüp gitmesine duacı olalım.

Salih Bozok, o derin duyguyla değil midir ki; ölürken Ankara topraklarında, Conkbayırı kahramanı Nuri Conker gibi, kendinden önce ölen arkadaşlarının arasına gömülmesini vasiyet etti. Onu ellerimizin üstünde değil, seven ve unutmayan yüreklerimizin üstünde taşıyıp gömeceğiz... Ne mutlu ona! Salih Bozok, Atatürk'e kavuştu.

Gömülmek için Ankara'yı seçmesi ne kadar ilginçtir. "Beni Atatürk'ün yanına gömün." diyemezdi. Bunu demeyecek kadar akıllı ve sözünü bilir kişiydi. Onun için hiç değilse Ankara'da gömülmüş olmayı, hem Atatürk'ün hem de yakın arkadaşı Nuri Conker'in yanı başında son uykusuna uzanmayı istemişti, öyle de oldu...

İsmet Bozdağ

MUSTAFA KEMAL PAŞA EFSANESİ

Gazi'ye dair bildiklerini yaz! Bunu yapmazsan tarih seni mahkum eder.

Salih Bozok

Ben, Mustafa Kemal Paşa'nın sadece arkadaşı, dostu değil, HAYRANI idim. Başka yapıda insan olduğu ilk bakışta belli oluyordu. Bakışları başkaydı, düşünceleri başkaydı, insan münasebetleri başkaydı; velhasıl o kadar başkaydı ki, tanıyanlar ya ateşböcekleri gibi ışığına pervane kesiliyorlar, ya da çekilip gidiyorlardı.

Ben, pervane kesilenlerdendim...

Ona inanıyordum! Önümdeki uçuruma "atla" dese, hiç düşünmez atlardım; hem de ölmeyeceğime inanarak!.. Çünkü Mustafa Kemal Paşa benim arkadaşımdı, dostumdu, kötülüğümü dünyada istemezdi. O, bana "şu uçuruma atla" diyorsa bir bildiği vardı elbet. Önlemini almıştı besbelli ki bana atla diyordu...

İşte böyle görüyordum Mustafa Kemal Paşa'yı, işte böyle inanıyordum...

Koca bir kırk yılı birlikte geçirmiştik Mustafa Kemal Paşa ile...

O buyurdu ben yaptım. Gölgesi gibi yanı başındaydım hep. Kırk yıl bu, dile kolay... Azarladığı da oldu, koltukladığı da. Ama –Allah şahit– hiçbir gün kalbimi kırmadı.

Gizlisi saklısı bendedir; bütün sırları, mektupları, gizlenmiş öfkeleri, yaşanmış sevinçleri bendedir.

O da bana inanıyordu; "Al Salih, bunu da koy bir kenara... Gün gelir lâzım olur..." diye verirdi bu mektupları bana. Ben de onları ta Selanik günlerinden bugüne kadar üzerlerine titreyerek sakladım.

Bugün, 1941 yılının ilk günü...

60 yaşındayım...

Dünyadan ne umuyorsam, ne bekliyorsam bunların hepsini –katmer katmer fazlasıyla– elde ettim. Mustafa Kemal Paşa sayesinde yaşadım ve her şeye kavuştum. Şimdi samimiyetle söyleyeyim ki artık yaşamaktan, Mustafa Kemal'in olmadığı bir dünyada yaşamaktan, hiç mi hiç zevk almıyorum.

Bana "ölenle ölünmez" diyorlar. Ben ölenle ölmüyorum ki... Yaşayamadığım için ölüyorum! Siz, oksijensiz bir dünyada yaşayabilir misiniz?.. İşte Mustafa Kemal Paşa benim hayatım için bir oksijendi!...

Bugüne kadar geçen hayatımı nasıl Mustafa Kemal Paşa'ya adamışsam, bundan böyle geçecek hayatımı da Mustafa Kemal Paşa'nın buyruğunda geçirmeliyim!..

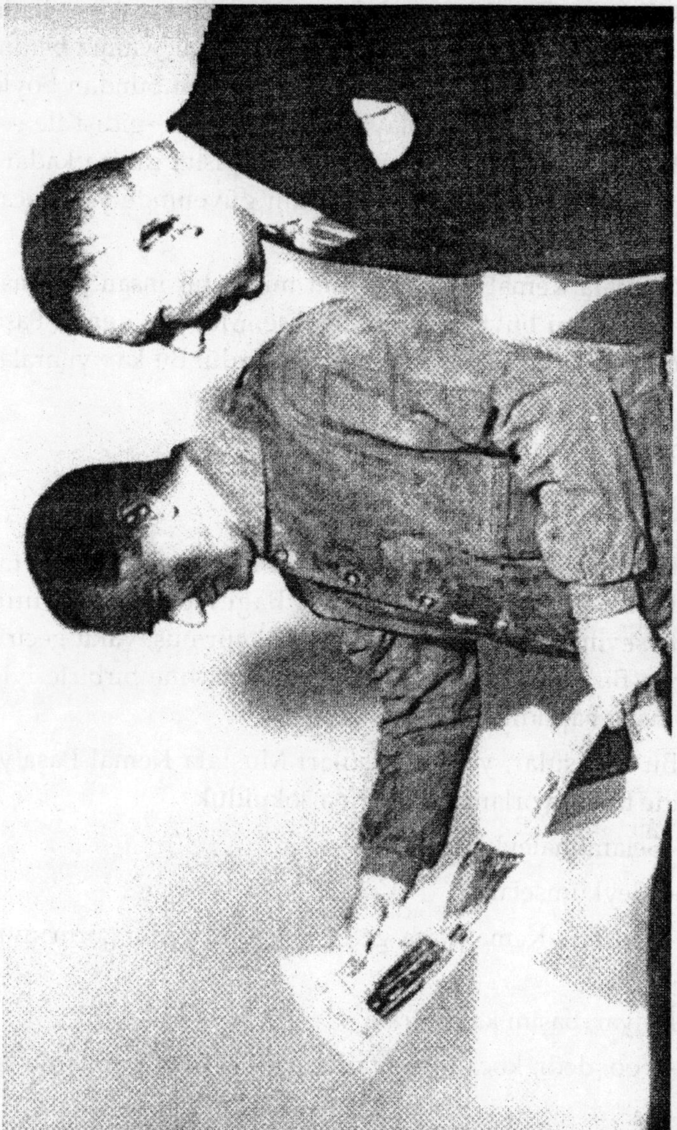

Atatürk'le Salih Bozok bir gazeteyi incelerken

Biliyorum, o öldü; artık buyruk veremez. Ama, bana eliyle verdiği mektupları, sımsıcak anıları var; yalnız benim bildiğim tutumları, davranışları var... İşte ben bundan böyle bu anıları yazacağım, bu olayları anlatacağım -gidişi ile sevimli hale koyduğu "öbür dünya"nın kapısını çalana kadar- böylece yine onun buyruğunda, onun güveninde yaşayacağım...

Mustafa Kemal Paşa, dinamit misali bir insandı. Dinamitin nasıl gücü büyük kendi küçükse, Mustafa Kemal Paşa da gücünün yanında hep küçük görünürdü. Bu kapıyı aralayarak anılarımı anlatmaya gireyim:

Şairin hakkı var:

"Söylenir güzelliğin hep efsane, efsane.."

Bir gün, Mustafa Kemal Paşa ile birlikte köşkün arka tarafındaki bağlarda geziniyorduk. Bağevlerinden birinin önünde sevimli ve ihtiyar bir karıkoca oturmuş, vakit geçiriyorlardı. Bize boş gözlerle baktılar, sonra yine birbirleriyle konuşmaya başladılar.

Bu komşular, yeni komşuları Mustafa Kemal Paşa'yı herhalde tanımıyorlardı. Yanlarına sokulduk.

- Selamünaleyküm.

- Aleykümselam.

- Mustafa Kemal Paşa geçer mi buralardan, görür müsünüz?

İhtiyar, başını kaldırarak:

- Yoo, dedi; koca Mustafa Kemal Paşa'nın buralarda işi ne?..

- Şurdaki köşkte oturmuyor mu?..

- He ya!..

- Ee, siz varıp hoş geldin demediniz mi?..

- "Kara esvaplılar" adamı yanına mı yaklaştırıyor ki, varıp hoş geldin diyelim?..

Soruları ben soruyordum, Mustafa Kemal Paşa sadece dinliyordu. İhtiyarın son sözü üzerine birbirimize bakıştık. "Kara esvaplılar" dediği, Giresunlulardan kurulmuş muhafız taburu çekirdeği idi.

- Bu kadar zaman oldu Ankara'ya geleli Mustafa Kemal Paşa. Hiç mi rastlamadın, yolda molda?..

İhtiyar, önemli bir söz söyleyecekmiş gibi hazırlandı, diklendi; elini kuşağına sokarak sesine azamet koyup konuştu:

- Görmesine gördük ya, hep cumaları, Hacı Bayram Camii'nde! Paşa ruh gibi müslüman!.. Hep minberin kenarına oturuyor... Biz oralara kadar sokulamadığımızdan uzaktan gözlüyoruz...

İhtiyar, bizim Paşa ile birbirimize baktığımızı görünce iyice şişinip kasıldı:

- Paşa'yı yolda molda görmüşsün kaç para!.. Camide göreceksin camide!.. Aklar giyiniyor hep... Ak dediysem, sıradan ak değil... Sabah ağartısı gibi bir şey... Görmeyene anlatılır mı canım!..

Bu sevimli ihtiyar karı kocanın yanından sessizce uzaklaştık...

Mustafa Kemal Paşa, o güne kadar, bir hafta bile cuma namazına gitmemişti, ihtiyarın da kendisini görmesi olanaksızdı. Ama, vatanı rasgele bir insanın kurtarması mümkün olmayacağı için, Mustafa Kemal Paşa'nın evliya olması lâzımdı. Nitekim, ihtiyar, o hava içinde anlatıyordu bunu bize... Mustafa Kemal Paşa, çok kısa bir zaman içinde Ankara'da efsane olmuştu. Şairin dediği gibi:

"Söylenir güzelliğin hep efsane, efsane.."

Hızır Aleyhisselam verdi...

Yine Kurtuluş Savaşı günleri... Alpullu'dan otomobille Eskişehir'e gidiyoruz... İkindi, akşama kaymış, karanlık bastırmakta. Yol göstersin diye bir çocuk aldık arabaya, gidiyoruz. Paşa, çocuğu işaret ederek "konuş" dedi. Çocuk, şoförün yanındaki basamağa basmış, ayakta gidiyor. Yüzünde akşam güneşi...

- Adın ne senin delikanlı?..

- Ahmet...

- Okuyor musun?

- Aah...

- Bir Mustafa Kemal Paşa var, hiç duydun mu?..

- Duyulmaz olur mu?..

- Gördün mü bari?..

- Yoo... Görmedik.

- Görsen ne yaparsın?..

- Eğlenimiyon?.. Görmek bize mi kalmış!..

- Eğlenmek yok, konuşuyoruz. Tut ki bir yerde rastladın, gördün Mustafa Kemal Paşa'yı. Naparsın?..

Akşam güneşinde kırmızıya kesmiş yüzünü ışıl ışıl aydınlatan bir gülümseme ile:

- Ayağına köprü olurdum, bas da geç diye!..

Paşa, ben, şoför tepeden tırnağa duygu kesilmiştik... Bir karışlık çocukta bu adam boyu yurtseverlik de neydi?.. Gözlerim nemlendi. Yüzümü bir süre yele tuttuktan sonra küçük Ahmet'e döndüm:

- Aferin, dedim; yaman Kuvayi Milliyeci olacaksın sen!.. Yiğitliğin ağızlarda gezecek hep inşallah. Mademki Mustafa Kemal Paşa'yı bu kadar seviyorsun... İşte sana onu göstereyim. (Elimle, arka kanepede oturan Mustafa Kemal Paşa'yı işaret ettim) İşte Mustafa Kemal Paşa!..

Ahmet, alaya alınma korkusu içinde yavaş yavaş Mustafa Kemal Paşa'ya baktı. Süzdü bir süre, yukarıdan aşağı, aşağıdan yukarı... Sonra son derece ilgisiz, soğuk bir sesle: "Olur a!.." dedi.

Besbelli gözü tutmamıştı Mustafa Kemal Paşa'yı... Kendisini aldatmak istediğimize aklı kesmişti. Bu "olur a" sözünü de bizim hatırımız için söylediği anlaşılıyordu... Ahmet, yüzü güneşe dönük, çukurlarda sallanıp debelenen otomobilden düşmemek için şoför kapısına sıkı sıkıya yapışmış gidiyor; Paşa, bütün yorgunluğunu sırtından atmış, kıkır kıkır gülüyordu...

Eskişehir'e yaklaşıyorduk. Bir tepenin üstünde ateş yakılmıştı. Tepeye yaklaştıkça ateşlerin yol boyu, öbek öbek tutuşturulduğunu gördük. Ahmet'e:

- Ya bu ateşler ne Ahmet? dedim. Ahmet, şöyle bir ölçüp biçtikten sonra:

- Arabacılar, kiracılar yakmışlardır... Isınmak için!..

Ahmet, kesinlikle benim kendisine Mustafa Kemal Paşa diye gösterdiğim adam için insanların yola döküleceğine, hele hele meşaleler yakılacağına hiç mi hiç inanmıyordu. Mustafa Kemal Paşa kim, arabadaki kim!..

Tutuşmuş meşalelerin arasından geçip, başta Eskişehir Valisi Fatin Bey olmak üzere şehrin ileri gelenlerini karşısında görünce Ahmet'in tebdili şaştı! Bir kalabalığa bir Mustafa Kemal'e baktıktan sonra az önce "halt ettiğine" aklı kesince, otomobilin durmasından yararlanıp oğlak gibi yere zıplaması ve kalabalığa karışması bir oldu!.. Hemen koşup yakaladım:

- Etme beyim, biz halt ettik!..

- Etmedin, ne demek! Gel benimle beraber. İyice gör Mustafa Kemal Paşa'yı!..

Fıldır fıldır gözlerle durmadan beni ölçüp biçiyordu: "Acaba doğru mu söylüyorum yoksa demin yaptığı edepsizlik için güzel bir dayağı hak mı edecek?.." Ben de gözlerimle, yüzümle güven verdim. Bir süre yanım sıra yürüdü. Sonra, hem beni sınamak hem bir isteğini gerçekleştirmek için:

- Madem Mustafa Kemal Paşa'ymış... Oh beyim, bırak da yüzünü göreyim doya doya. Koca yolboyunu kafasızlığımızdan yitirdik! Bir de şuncacık zamanı elden çıkardık mı bizi aptallığımızdan, gayri türkülere koyarlar da söylerler!..

- Tamam, oldu. Savuşma da nereden bakarsan bak...

Fırladı gitti...

Göz ucuyla izliyordum. Bir bakıyorsun Vali ile Mustafa Kemal Paşa'nın bacakları arasında görünüyor, sonra hoplayıp kalabalığın en gerisindeki tümseğe kaymış oradan bakıyordu.

Paşa'ya, küçük Ahmet'in hikâyesini anlattım, çok hoşlandı. Zaten fıldır fıldır gözleriyle bir şuradan bir buradan, kendisini ölçüp biçen Ahmet'i o da fark etmişti. Bana:

- Kendisine yirmi beş lira ver… dedi.

Yirmi beş lira o yıllar büyük paraydı. Servetti adeta. Yanlış mı anladım diye sordum:

- Yirmi beş kuruş mu buyurdunuz?..

Mustafa Kemal Paşa niçin duraksadığımı hemen anlamış olacak ki, güldü:

- Hayır, kuruş değil, lira. Ver de bir inek alsın, öküz alsın, dua etsin sağlığımıza, memleketin geleceğine…

- Emredersiniz! dedim ve Ahmet'i bir köşede yakaladım:

- Al bakalım, bu da senin… Kemal Paşa veriyor…

Avucunu açıp baktı. Sayamayacağı kadar çok parayı görünce, eti buruluyormuş gibi çığlığı bastı:

- Aman beyim gözünü seveyim, "Bunca parayı nerde buldun?" diye beni anam dayağa yatırır ki, siz sesimi Ankara'dan duyarsınız! Para da istemem, pul da istemem… Koskoca Mustafa Kemal Paşa ile bir otomobilde gittik, konuştuk, asıl bu ne para?.. Bu para ki pankalara sığmaz… Sen bu bankonotları geri al!..

- Mustafa Kemal Paşa verdi dersin!.. diyorum anlatamıyorum, "Ayak kirası verdiler" dersin diyorum bu sefer: "O altın ayağı ben nerden bulayım! Benim ayağımın bir yıllığı bu kadar etmez. Gözünü seveyim bey, beni yakma!.." diye canını yerlere atıyor…

- Sonunda benim öfkem başıma sıçradı, yapacak bir sürü işim var:

- Bana bak, dedim; bu parayı al, ister Mustafa Kemal Paşa verdi de, ister Hızır Aleyhisselam önüme çıktı, verdi de… Ama al şu parayı!..

11 Mayıs 1938. Soldan sağa: Ata'nın manevi kızı Ülkü, başyaver Celâl Bey, Atatürk, Salih Bozok

Ahmet'in gözleri birden açıldı:

- Tamam beyim... Sen buldun anamı kandırmanın yolunu... Hızır Aleyhisselam derim; şu bildiğin Hızır Aleyhisselam peydahlandı önümde; bu parayı avucuma döşeyiverdi ve dedi: "Bunu böylecene anana götüreceksin ki, anan bununla bir inek alsın, sabahları bir kap sütü sen başına dikeceksin, bir kap sütü de anan... Üstü, artanı olursa onu da bir afiyetle yersiniz." dedi, derim... Ooh, bir güzel inanır buna benim fukara anam... Fukarayı Allah'ın koruduğu belli bir şey ya; ama hukumatın fukaraya belli bir şey vereceğine, oh beyim, bizim mıhtarın koca camısı (öküz) bile inanmaz!..

Bunu Mustafa Kemal Paşa'ya anlattığımda ikimizin de gözleri doldu. İşte böyle mübarek insanlar için dövüşüyorduk...

"Aha sıfatı, aha kendi!.."

Mustafa Kemal efsanesini bir olay daha anlatarak noktalayayım... 26 Ağustos Başkomutanlık Meydan Muharebesi'nde düşman yüzgeri etmiş, İzmir'e doğru kaçıyor; biz bazen süvarilerle, bazen piyadelerle yan yana Mustafa Kemal Paşa'nın otomobili ile peşini bırakmıyoruz. Nif kasabası (Mustafa Kemal Paşa) çevresindeki köylerden birinin yanından geçiyoruz. Köy ahalisi, çoluğu çocuğu, yaşlısı genciyle yol boyuna dökülmüş... Açacak sofrası, uzatacak ekmeği yok ama; testisi, maşrapası var. Kaptığı gibi yol boyuna dizilmişler; gelene uzatıyorlar, geçene uzatıyorlar:

- Susamışsındır yiğidim, hele iç!..

- Çok yaşa! Ellerin nur olsun nine!..

Bir nakliye kolu yolu tıkamıştı. İster istemez durduk. Mustafa Kemal Paşa bu arada bir sigara içmek istedi. Toz gözlüklerini alnına kaldırdı, tabakasını çıkartarak bir sigara yaktı. Köylüler çevremizi sarmışlar, hep bir ağızdan "kurtulmanın sevincini" söyleşiyorlar; elbiseleriyle arabanın tozunu siliyorlar, testilerindeki su ile yıkamaya çalışıyorlar, dualar okuyorlardı. Biz de bir daha yaşanmaz tabloya bakıyorduk...

Birden, içlerinden biri, toz gözlüklerini alnına kaldırmış Mustafa Kemal Paşa'ya dik dik bakmaya başladı. Hemen tetiklendim. Bir süre sonra yavaş, yavaş elini arkaya doğru attı. Sandım ki silah çekecek!.. Elimi tabancama en yakın noktaya getirdim ve kılıfı açtım. Adam arka cebinden, umduğum silah yerine, bir kağıt parçası çıkardı. Avucunun içine sıkıştırdığı kağıda baktı. Mustafa Kemal'e baktı, kağıda baktı. Mustafa Kemal'e baktı:

- Aha ağalar, aha be!.. Aha Mustafa Kemal Paşa!.. Aha sıfatı, (Avucundaki fotoğrafı gösteriyordu.) aha kendi!..

Mustafa Kemal Paşa, ne o zamana değin görülmüş, ne ondan sonra görülecek dehşetli bir sevgi hücumuna uğradı... Kim neresini ele geçirmişse öpüyor, okşuyor, yüzünü gözünü sürüyordu. Kadınlar, genç kızlar çizmeleri üzerinde birikmiş tozları parmaklıyorlar; sonra bu tozla gözlerine sürme çekiyorlardı...

Bu, hiçbir kalemin anlatamayacağı bir manzara idi... Mustafa Kemal Paşa ağlıyor, ben ağlıyorum, şoför ağlıyor, köylüler ağlıyor... Üzerinden hâlâ duman tüten taze savaş toprakları, mutluluk yaşlarıyla sulanıyordu. Havada barut kokusu ve hıçkırıklar vardı...

İşte, Mustafa Kemal efsanesini size anlatan üç unutulmaz tablo... Bu tablolar, gelecek kuşaklara VATAN fikrinin yaşanmış tarifini yapacaklar...

KURTULUŞ SAVAŞI GÜNLERİ
ve
FİKRİYE HANIM

Dara düştük mü, hayalimizi yardıma çağırırız…

Kurtuluş Savaşı günlerinde Türk milleti dara düşmüştü; bu yüzden hayallerinin insanını yaratacaklardı!.. Mustafa Kemal Paşa, hepimizin bildiği boyutlarda anılmıyor; masalların ışığı, ölçüsü, derinliği içinden değerlendirilerek ve mitolojik bir varlık gibi görülüyor ve gösteriliyordu…

Fakat, Mustafa Kemal Paşa'nın mitlerle, hayallerle işi yoktu. Matematiksel bir gerçekçi idi. Hiçbir işte hayale pay bırakmıyordu...

Doğrusu, Ankara'da geçirdiğimiz yıllar, gerek Mustafa Kemal Paşa bakımından, gerekse benim açımdan, oldukça sıkıntılıdır…

Düzce, Yozgat, Konya isyanları, bunların TBMM'deki yansımaları, Çerkes Ethem kuvvetlerinin başarısını çeteciliğe bağlayanların düşmanla vuruşacak düzenli bir ordu kurulmasına karşı çıkmaları –bugün bile hatırlamak istemediğim– büyük sıkıntılardır…

Hele İsmet Paşa, Garp Cephesi Komutanı olarak atandıktan sonra Çerkes Ethem'in bir türlü İsmet Paşa'nın emrine girmemesi karşısında Mustafa Kemal Paşa'nın yaşadığı sıkıntılı günleri, Allah'ım bu memlekette başka kimseye yaşatmasın!..

İşte o günlerden biri...

Çerkes Ethem kalkıp Ankara'ya gelmiş. Taşhan'a inmiş, bir gün de kalkıp TBMM'ye gitmiş!..

Meclisteki locaya girmesiyle, milletvekilleri ayağa kalkmışlar ve bir alkış patlamış!.. Zaten kendisine hayran bir tip olan Çerkes Ethem, meclisin bu şımartmasından sonra, Mustafa Kemal Paşa'yı da temizleyip işin başına geçmeye iyice karar vermiş...

Bir gün yanına Tevfik Rüştü'yü (Aras) de alarak sekiz on muhafızı ile birlikte istasyon binasında Paşa'yı güya ziyarete gelmiş!..

Mustafa Kemal Paşa, o günlerde böbrek ağrıları çekiyordu ve bu yüzden yataktan çıkmadan dinleniyordu. Ethem, yanındaki muhafızları önemli saydığı noktalara yerleştirdikten sonra içeriye girmiş. "Geçmiş olsun" dedikten sonra hemen: "İsmet Paşa'yı geri çekin, yerine Ali Fuad (Cebesoy) Paşa'yı gönderin." demiş. Mustafa Kemal Paşa, beraberindeki adamları yerleştirmesi ve her zamanki nezaketinden uzak hali karşısında maksadını hemen fark ettiği için, usulca elini yastığın altına uzatarak silahın kabzasını yakalamış ve cevap vermiş:

- Hayır, İsmet Paşa'yı geri almam!..

Paşa'yla birlikte ben de istasyonda kalıyordum. "Ethem'in adamlarıyla geldiğini ve içeri girdiğini" haber verdiler. Hemen, benimle birlikte kalan Recep Zühtü'yü çağırdım ve Muhafız Komutanı İsmail Hakkı'ya (Tekçe) haber yolladım. Az sonra Muhafız Komutanı da geldi. Elindeki birkaç muhafızı kritik noktalara yerleştirdikten sonra biz de, yani; Recep Zühtü, Ben, Yaver Muzaffer (Kılıç), Özel Kalem Müdürü Hayati Bey, binanın içinde gerekli noktaları tuttuk.

Bina dışında üslenen müfrezeye, "vur" emri verilmişti. Bu sebeple, mekanizmalar açılıp kapanıyor, kısa komut sesleri duyuluyordu. Ethem'in adamlarının gözleri önünde yapılan bu hazırlık, kısa zaman içinde Ethem'e ulaştı. Zaten bu gösterişli çevirme hareketini içerde Ethem de seslerden fark etmişti. Bir ara yanındaki muhafıza Çerkesçe: "Vazgeçelim, durum tehlikeli..." demiş. Sonra Mustafa Kemal Paşa'ya dönüp saygı ile:

- Benim teklifim sadece şahsi temenniden ibarettir. Başkomutan sizsiniz... Elbette cephede ne yapılacağını benden iyi bilirsiniz... Geçmiş olsun; Allah sizi başımızdan eksik etmesin... demiş ve odadan çıkmış...

Ben böylece hayatımın en buhranlı gününü yaşadım. Çünkü bir olay çıksa, Ethem yanılıp, Mustafa Kemal'in kılına dokunsa, ne Ethem kalırdı ne ben!..

Çankaya'nın tek hakimi, Fikriye...

Çoğu zaman uykusuz, dur duraksız, biteviye yorgunluk dolu günleri Mustafa Kemal Paşa için biraz çekilir hale koyan tek şey, her halde Fikriye Hanım'ın varlığıydı... Biraz Fikriye Hanım hakkında bildiklerimi anlatayım:

Fikriye Hanım, Atatürk'ün annesi Zübeyde Hanım'ın ikinci kocasının kardeş çocuğu idi. Bir aile yakınlığı olduğundan, Fikriye, zaman zaman Zübeyde Hanım'ın yanında kalıyor ve tabii Mustafa Kemal Paşa ile birlikte bulunuyormuş...

Akaretler'deki evlerinde hemen hep bir arada bulunmuşlar. Zübeyde Hanım Fikriye'yi sever, ama kızı Makbule, nedense Fikriye'den bir türlü hoşlanmazmış!.. İkide bir kapışırlar, Zübeyde Hanım araya girer, Fikriye bir süre evden uzaklaşır, sonra yine birlikte olurlarmış...

Fikriye Hanım

Bu arada Fikriye'yi bir Mısırlı zengin istemiş... Ailesi düşünmüşler, taşınmışlar, sonra vermişler Fikriye Hanım'ı... Fakat Fikriye, Mısırlıların hareminde yaşamaya bir türlü razı olmamış.. Bir süre beraberlikten sonra, Mısır'dan ayrılmış ve İstanbul'a gelmiş... İstanbul'a geldikten sonra yine Akaretler'deki evde birlikte yaşamaya başlamışlar...

O sıralar Mustafa Kemal Paşa da İstanbul'da olduğu için, hep beraber oldukları da olurmuş... Şişli'deki evin işlerini de el altından uzun bir süre, Fikriye çekip çevirmiş...

Kuvayi Milliye'yi örgütlemek ve yurdun üstüne leş gibi uzanan Yunan'ı denize dökmek için Mustafa Kemal Paşa, Anadolu'ya geçince Paşa'nın çamaşır, yatak, çarşaf gibi kirlileri yıkayacak, elbiselerini ütüleyecek birine ihtiyacı olmuş…

Eli bu işlere yatkın Bekir Çavuş adlı biri vardı; bütün bu çeşit ev hizmetlerini o görürdü. Ben Ankara'ya geldiğim zaman bu işlerde Bekir Çavuş'u buldum.

Mustafa Kemal Paşa'nın Selanik günlerinden dostu Mithat Bey vardır, Ankara'ya geldi.

Paşa ile çok yakın arkadaşlığı olduğu için, bir ara kendisine ev işlerini çekip çevirecek bir kadına ihtiyacı olduğunu hatırlatmış. Paşa da adam bulamadığını söyleyince Mithat Bey, "Niçin Fikriye'yi Ankara'ya getirtmediğini" sormuş. Gerçekten Fikriye, biçilmiş kaftan gibi bu işe uygun kadındı. Mithat Bey, bunu kendisine iş edindi ve bir gün Fikriye Hanım'la birlikte Ankara'ya çıkageldi.

Bu gelişi Mustafa Kemal Paşa'dan başka herkes yadırgadı. Bunca erkeğin arasında tek bir İstanbullu kadının barınabileceğine, hiçbir Allah'ın kulu inanmıyordu. Hele Bekir Çavuş, ateş püskürmekteydi!.. O zamana kadar Mustafa Kemal Paşa'nın bütün işlerini o yürütürken, bir kadının gelip işlerini elinden alması ve oğlu gibi bağlandığı Mustafa Kemal Paşa'dan kendisini uzaklaştırması benimsenecek iş değildi!.. Kıyametler koptu. Ben kendi kendime bu Fikriye Hanım'ın bir süre sonra İstanbul'un kısa yolunu sormaya başlayacağına inanıyordum…

Fakat olaylar hiç de beklediğimiz gibi gerçekleşmedi…

Bir kere Fikriye Hanım, Bekir Çavuş'u işinden uzaklaştıracağına, Bekir Çavuş'un emrine girmiş göründü. Bekir Çavuş, çoktandır arayıp da bulamadığı yardımcıyı görünce,

Fikriye'ye dört elle sarıldı. Sökükleri Fikriye dikiyor, yemekleri Fikriye yapıyor, bulaşıkları Fikriye yıkıyor; fakat sofrayı Bekir Çavuş kuruyor, sabah kahvesini Paşa'ya Bekir Çavuş götürüyor, Paşa'yı Bekir Çavuş giydiriyordu. Adeta Bekir Çavuş bir derece terfi etmiş gibi bir şey oldu... Bu yüzden hem Fikriye'ye hem de çevresine bayağı şişinmeye başladı...

Fakat Fikriye hem yumuşak hem de sevimli bir kadın olduğu için kısa bir zamanda kendisini bütün Çankaya'ya benimsettikten başka, Atatürk'ün arkadaşlarının da saygısını kazanmasını bildi.

Yaverlerden mutfak personeline kadar birçok insanın söküğü Fikriye'den sorulur oldu. Çok kısa bir sürede Fikriye, Bekir Çavuş'a ve yaptıkları işlerin hiçbirine ilişmeden, Bekir Çavuş'la birlikte işleri ele almasını bildi. Yani açıkçası, Bekir Çavuş her yerde vardı ve yine Fikriye'yi ileri geri komuta ediyordu ama; Fikriye, Çavuş'un şahsiyetini silmiş süpürmüş, adeta eritip buhar haline getirmişti... Çankaya'nın tek hakimi Fikriye oldu; ve bu hakimiyetini –Bekir Çavuş dahil– hiç kimse yadırgamadı. Çünkü önce istasyondaki ev, sonra Çankaya, Fikriye'nin elinde yaşanır hale geldi...

Fikriye –kadınlar için– ortadan az uzun, ince, kara gözlü, kara kaşlı, aydınlık yüzlü bir kadındı.

Güzelden fazla, alımlı idi...

İstediği zaman kişiliğini insana duyurur, istediği zaman odanın içinde varlığı fark edilmezdi.

Bu marifet, çok az insanda, hele çok az kadında vardır. Paşa'nın yalnız ihtiyaçlarını karşılamıyor, ona arkadaşlık da ediyordu. Nitekim, Mustafa Kemal Paşa, çeşitli zamanlarda, özellikle sabahları Fikriye'yi yanına alarak yürüyüşe çıkar ve bu yürüyüşlerden çok hafiflemiş olarak dönerdi. Demek Fikriye, Paşa'nın canını sıkmamayı ve onu oyalamayı biliyordu...

Velhasıl Fikriye, Ankara'nın çorağında açmış bir akgül gibiydi... Herkes onu görüyor, beğeniyor; fakat kimse koklamaya ve koparmaya cesaret edemeden, ona saygı ve sevgi ile bakıyordu...

Ankara'da çok yaman günler gördük. Öyle zamanlar oldu ki, aklı olan Ankara'dan kaçıyordu!..

Meclisin Konya'ya taşınmasının düşünüldüğü günler oldu... Milletvekilleri, çoluk çocuğunu yakın akrabalarına göndermeye başladılar...

O günlerde de, daha tehlikeli ve amansız günlerde de Fikriye hiç renk değiştirmemiştir. Paşası ve Bekir Çavuş'u ile Ankara'yı parmağının ucunda döndürüyordu...

Ama Makbule, Fikriye ile kedi-köpek gibidir...

Makbule Hanım'ın kocası ve Mustafa Kemal Paşa'nın eniştesi bir Mustafa Mecdi Bey vardı. Zaman zaman Ankara'ya uğrar, çoğu zaman da Kuvayi Milliye'nin ihtiyacı olan silah, cephane ve diğer önemli maddelerin bulunması, toplanması için Suriye'ye ve başka dış ülkelere giderdi.

Klod Farer'in Mustafa Kemal Paşa ile görüşmek için geldiği günlerdi. Paşa, eniştesini çağırdı ve benim yanımda:

- Mustafa, dedi; hemşire ile valideyi buraya almaya karar verdim. Sen zaten İstanbul'dan çok Ankara'da oluyorsun. Hep beraber otururuz. Sen İstanbul'a git, onları al ve İzmit'e getir. Ben İzmit'te Klod Farer ile görüştükten sonra, birlikte Ankara'ya döneriz...

Mustafa Mecdi Bey, kem küm etti... Zübeyde Hanım ile Makbule Hanım'ı Ankara'ya getirmek istemediği belli idi.

Paşa sinirlendi:

- Açık söyle, ne demek istiyorsun?..

- Peki öyleyse, açık konuşacağım... Sen kardeşinle anneni Ankara'ya aldırmayı düşünüyorsun ama, annenin ve hele kardeşinin Fikriye ile geçinip geçinemeyeceğini hiç düşünmüyor musun?.. Biliyorsun ki; annen, senin Fikriye ile evlenmenden ödü kopar! Ama yine de pek belli etmez; Fikriye akrabası olduğu için pek belli etmez! Ama, Makbule, Fikriye ile kedi-köpek gibidir. Bir saat dalaşmadan duramazlar... Burasını da o hale getirirler ki; yalnız Çankaya değil, Ankara bile yaşanmaz olur!.. Onun için, istiyorsan anneni yanına al, Makbule'ye dokunma...

Mustafa Kemal Paşa, eniştesinin; annesinin Ankara'ya gelmesine razı, kardeşinin gelmesine karşı oluşunu, karısını İstanbul'dan uzaklaştırmak istememesine bağlamış olacak ki:

- Al, karını başına çal demiyorum... Anamı da, karını da alıp İzmit'e getireceksin, işte o kadar!..

Mustafa Mecdi Bey: "Pekala, sen bilirsin" diye kestirip ayrıldı.

Bu olayın üstünden birkaç gün geçmişti. Bir akşam Mustafa Mecdi Bey, erkenden gelip yatmıştı. Paşa sorunca yatmış olduğunu bildirdik. "Uyandırın, buyursun" dedi. Ben, Muzaffer (Kılıç), Mahmut (Soydan) Mustafa Mecdi Bey'in tepesine dikildik:

- Kalk, Paşa seni istiyor!..

Uyku sersemi kalktı, giyindi, salona indi. Sofrada Fikriye, Ruşen Eşref, Kılıç Ali, Fuat (Bulca) vardı... Paşa, eniştesine bir dolu viski bardağı uzatarak:

- O gün seninle görüşmemiz yarıda kalmıştı, dedi. Biz Fikriye ile görüştük. O da senin fikrinde. Öyleyse sen, valide ile hemşireyi İzmit'e getir. Ben, Klod Farer ile görüştükten sonra, valideyi alıp Ankara'ya dönerim. Hemşire de sizinle kalır...

Sonuçta öyle oldu ama, Makbule Hanım'dan da İstanbul'dan şikayetler gelmeye başladı. Annesini özlemiş, ağabeysini özlemiş, bir rüya görmüş, hayırdır inşallah... Makbule Hanım'ın bu özlemleriyle Mustafa Mecdi Bey dayanıyor, Ankara'ya gelmesine bir türlü razı olmuyordu. En sonunda Fikriye ile hiçbir surette kapışmayacağına, "kaşının altında gözün var" demeyeceğine söz aldıktan ve de eğer bir tatsızlık ederse, talâk-ı selase ile boşayacağına inandırdıktan sonra, Ankara'ya aldı getirdi! Fikriye Hanım karşıladı kendilerini...

Paşa, cephedeydi... Herkesin önünde birer kadeh varmış, rakı içiliyormuş... Makbule Hanım'ın, kadehi boş olduğu için Fikriye Hanım:

- Sen niye içmiyorsun abla?.. diye sormuş...

Vay, sen misin soran!.. Makbule Hanım bir öfkelenmiş, bir öfkelenmiş... Alı alına, moru moruna karışıp ateş püskürmeye başlamış:

- Vay sen benim rakı içtiğimi kocama niçin gammazlıyorsun?.. diye...

Sofra altüst olmuş, yemek herkesin burnundan gelecek... Mustafa Mecdi Bey dayanamamış, bir kağıda: "Ya şimdi susarsın ya da 'boş' kağıdını yazarım" diye yazmış... Makbule Hanım'ın, kağıdı okumasıyla susması bir olmuş... Kalkmış, yemek yemeden yatağa çekilmiş...

Arada, bu patırtılar kopardı ama; Fikriye Hanım'lı Çankaya, yine de iyiydi! Bu ufak tefek patırtıları bir kenara koyarsak, savaş günlerinin bütün mahrumiyetlerine, tehlikelerine, heyecanlarına, fırtınalarına rağmen; Çankaya, Fikriye Hanım'ın sayesinde hiç güneşsiz kalmadı!..

Ama, Türk ordularının İzmir'e varmasıyla birlikte, Fikriye Hanım'lı Çankaya'ya kocaman bulutlar yığılmaya başlamış... Önce kadınsı bir sezgiyle İzmir'den kuşkulanmış; hele Latife Hanım'ın adı gazetelere geçince, Fikriye Hanım'lı Çankaya, sofrasız akşamlar yaşamaya başlamış!..

Zaten halkın, "ince hastalık" dediği ciğer tüberkülozu çekiyordu...

Bu olayların getirdiği keder ve endişe, hastalığı daha da kamçıladı. Münih'te bir sanatoryuma tedavi için gönderildi...

Dönüşünü, Çankaya'ya kabul edilmeyişini, beni arayışını ve Çankaya'dan dönerken, faytonda kalbine bir kurşun sıkışını anlatmaya dilim varmıyor...

Bugün düşünüyorum da, Latife ortaya çıkmasaydı, acaba Fikriye için Mustafa Kemal Paşa ile evlenme ümidi var mıydı?.. Hayır, böyle bir ihtimal yine de yoktu, sanırım...

Olayların içinde yaşamakla, yirmi yıl sonra onlara bakmak arasında elbette çok fark var. Bugün, bütün duygulardan sıyrılmış olarak olaylara bakabildiğim için, düşüncelerimin daha doğru olduğu muhakkaktır. Fakat, o günlerde de olaylara bakışımda büyük yanılgılar olmadığını görmek, bana zevk ve güven veriyor. Bu gerçekçi bakışı da –kendime değil– Mustafa Kemal Paşa'ya borçlu olduğumu biliyorum...

"Onsuz ve bu kadar borçlu" yaşamak beni gerçekten kahrediyor!..

"Düşmanın işi bitti!.."

Başkomutanlık Meydan Savaşı'na on beş yirmi gün vardı. Ankara'dan, otomobille usulca çıkmış, Konya'ya, oradan Akşehir'e gelmiştik. Bakıyordum, Mustafa Kemal Paşa birbirine eklemecesine durmadan sigara içiyor; gülen gözleri bir noktaya dikili susuyordu.

Ne konuştu, ne bir şey istedi ve hatta bir aralık lastiklerin kontrolü için arabanın durduğunun bile farkına vardı... Evde miydi, otomobilde miydi, seccadede mi uçuyordu, bunların farkında bile değildi...

Akşehir'e gittiğimiz zaman birden silkindi. Elindeki sigarayı otomobilden fırlatıp attı ve bana sordu:

- Saat kaç?..

Oysa saat bileğindeydi... Söyledim.

- İyi, dedi. Demek üç buçuk saatten beri kuruyormuşum...

- Kurduğunuz nedir Paşam?.. Anlayamadım!.. dedim.

Gülümseyerek, başını bana çevirdi:

- Hiç, mühim değil!..

- Paşam yol boyu konuşmadınız. Hasta falan olmayasınız?..

Gülümseyen yüzünü yine bana çevirdi. Mustafa Kemal Paşa'da seyrek rastlanır bir mutlu ışıltı yüzünü doldurmuştu... Sağ elle, sağ dizimi tuttu:

- Göreceksin, çok büyük şeyler olacak!.. İnanılmaz bir savaş vereceğiz bu topraklarda... Her zaman söylerim: Ben, askerliğimin yalnız sanat yönünü severim, yaratıcılığa açık yanını!.. Askerlik sanatının ustaları, yeni bir savaş mimarisi karşısında hem düşünecekler, hem mest olacaklardır!.. Son üç saat içinde yepyeni bir tablo meydana getirdim. Onu seyredenlerin alacakları çok dersler olduğuna inanıyorum. Ve işte Salih, şimdi düşmanın işi bitti!..

Her soluk tarih kokuyordu...

On gün sonra 21 Ağustos'ta, sabaha karşı, Ankara'dan sessiz sedasız süzülüp, Konya üzerinden Akşehir'i tuttuğumuz gün, o şaheser tabloyu hayata geçirmeye başladık. Saat on birde Başkomutan, Genel Kurmay Başkanı, Ordu komutanları, Cephe komutanı, ve Süvari Ordusu komutanıyla bir toplantı yaptı.

Saldırı günü tespit edilecek...

Biz, üç yaver ben, Mahmut (Soydan), Muzaffer (Kılıç) dışarıda bekliyoruz...

İçerden zaman zaman haberler geliyor... Tartışma varmış ve çetin geçiyormuş. Mustafa Kemal Paşa'nın, fikrinde yalnız kaldığını söylüyorlar!.. Ben inanamıyorum. Fakat, gerçek olduğu çok geçmeden anlaşılıyor. Tamamen yalnız değil, Genel Kurmay Başkanı Fevzi Çakmak Bey'le birlikte...

Cephe Komutanı İsmet Paşa ordunun noksanları üze-

Atatürk, İsmet Paşa ve Salih Bozok

rinde durarak, taarruzun geciktirilmesini önermiş. Mustafa Kemal Paşa, zorluk çıkaranları haşlamış ve demiş ki:

- Güçlük çıkaranlar istifa etsinler!.. Başkomutan olarak ben, hareketin başarılacağına inanıyorum! Sorumluluğu tek başıma üzerime almaya hazırım.

Bunun üzerine başta İsmet Paşa (İnönü) olmak üzere, Mustafa Kemal Paşa'nın çizdiği planı aynen uygulamaya razı olmuşlar...

Başkomutan, toplantıdan çıktığı zaman, saatlerce tartışan kendisi değilmiş gibi, taze ve rahattı. Hafif bir yemek yedi ve yanında getirdiği "Çalıkuşu" romanını açıp okumaya başladı. Yanından en son ben ayrıldım.

Bana:

- Yarın sabah Başkomutanlık karargâhı, Birinci Ordu karargâhının bulunduğu yere geçirilecek... Git, şimdi uyu. Gün ışımadan, karargâh yer değiştirmiş olmalı...

Birçok kimse, tarihî olayların içinde yaşamıştır. Fakat tarihin içinde yaşamakta olduğunu fark eden kimse azdır. İşte ben, tarihin en büyük olaylarından birinin içinde ve baş aktörün yanında olduğumun farkındaydım...

Aldığım her soluk tarih kokuyordu...Tarih yapıyorduk şu anda; uyumak ne mümkün!.. Hazırlıkları gözden geçirdim. Nöbetçileri kontrol ettim. Yaver arkadaşlarım Mahmut ve Muzaffer yatmıştı. Harekat Dairesi Başkanı Cemil Bey uyumamıştı. Birlikte, yıldızlı bir gök altında yaşadığımız büyük anın heyecanını paylaştık...

O gece duyduklarımı yazabilmek için nelerden vazgeçmezdim!..

İlk uyanan ve ortalığa çıkan Başkomutan oldu.

Oysa onun da ışığı sabaha kadar sönmemişti. Çalıkuşu'nu bitirip yataktan fırlamış olmalı ki, bu kadar erken ortalığa düşsün...

Hemen kahvesini hazırlatıp gönderdim. Sonra büyük bir sessizlik içinde karargâh, Genel Kurmay Başkanlığı ve Başbakanlık olarak toplandı ve Birinci Ordu karargâhına doğru yollandık..

Bizim, Kocatepe ve Birinci Ordu karargâhına gelmemiz üzerine, Birinci Ordu karargâhı da kendisine daha ilerde bir yer edinmişti. İşte bu yerde, tarihle diz dize beş gün, beş gece geçirdik. İnsan, toprakta değil, tarih sayfalarında geziniyormuş gibi bir hoş oluyordu...

Büyük Taarruz'un başlamasından bir gün önce, Genel Kurmay Başkanı Fevzi Paşa, elinde Kur'an-ı Kerim, bütün cepheyi dolaştı...

İnsanların ruhlarında vatan ve Allah duygusu birbirine karışmıştı. En ödlek nefer bile gözünü gaziliğe dikmiş, ama şahadet şerbetini yiğitçe içmeye razı olmuştu!..

İsmet Paşa'nın hakkı vardı, çok noksanı vardı ordunun ama; inancı som altınla ölçülecek kadar kusursuz ve mükemmeldi! Hesaba girebilen eksikliklerimiz, hesaba sığmayan manevi fazlalıklarımızla telafi edildi...

Akşamüstü, Başkomutanlık çadırının önünde, portatif bir masaya serilmiş bir harita ve bu haritaya eğilmiş üç büyük insan; Mustafa Kemal Paşa, İsmet Paşa, Fevzi Paşa'yı yorgunluk kahvelerini içerken görenler, sanki bu Paşaların savaşa değil, yarın sabah pikniğe gideceklerini sanırdı!..

O kadar doğaldılar, o kadar rahat bir görüntü içinde gülüşüyorlardı!..

Gece yarısına doğru, bütün birliklerden, yerlerinde olduklarını bildirir raporlar gelmeye başladı. Eksiksiz, herkes görevi başında ve ayakta idi. Böylece, taarruzun başlayacağı saati beklemeye başladık… Şafakla beraber bahtımız yeniden doğacak ve dünya bizim için yeniden yaratılacaktı!..

Her şey susuyordu... Toprak, ağaçlar, insanlar, kuşlar, her şey!..

Çıt yoktu…

Hele saatlerin 05.40'ı gösterdiği andan, 05.45'i gösterdiği ana kadar geçen beş dakika, belki de dünya tarihinin en uzun beş dakikası idi...

Tam 05.45'te bir top sesi karanlığı yırttı ve boşluğu uğultularla doldurdu; ardından yüzlerce top alev püskürmeye başladı!..

Tanzim atışı başlamıştı. Karşıki tepeler ve tepeleri bizden ayıran tel örgüleri hallaç pamuğu gibi atılıyordu. Tam bir saat sürdü bu düzenleme atışı!..

Saat 05.45'ten sonra tahrip atışı başladığı zaman, avcı hatlarının düşmana iyice sokulduklarını gözlerimizle görüyorduk!..

"İmha muharebesine başla!.."

Benim görevim, tarih kitaplarının yazdıklarını bu anılarımda tekrarlamak değil, benim şahit olduğum ve hiçbir yerde yazıldığını, konuşulduğunu duymadığım; ya da az duyduğum olayları dile getirmektir. Onun için bu kutsal saatleri atlayıp 29 Ağustos'u 30 Ağustos'a bağlayan gecenin bir hatırasını anlatacağım.

Savaş bütün hızı ile sürüyordu. Düşman çözülmüştü. Fakat yine de direnme sona ermiş değildi. Biz, Dumlupınar'ın küçük, viran bir köyündeydik. Gece ilerlemişti. Kaç gecedir gözüne bir damla uyku girmeyen Mustafa Kemal Paşa, odanın bir köşesinde çıplak tahtalar üzerine uzanmış yatıyordu. Üstünü –üşümesin diye– kaputlarımızla örtmüştük!.. Ben de Muzaffer'le beraber karşısındaki duvarın dibine çökmüş, birbirimize yaslanmış, kendimizi tilki uykusuna vermiştik.

Bu sırada kapıdaki nöbetçi, bir Kurmay Subay'ın Mustafa Kemal Paşa'yı görmek istediğini haber verdi. Fırlayıp kapıya koştuk.

Subay:

- Acele bir telgraf var, Başkomutan'ın görmesi gerekli... dedi.

Ben:

- Buyrun... diye gelen Subay'a yol gösterip Mustafa Kemal Paşa'ya sokulup uyandırdım. O da tedirgin uyuduğu için hemen gözünü açtı:

- Ne var, nedir?..

- Bir telgraf...

Dirseği üzerine doğruldu:

- Okuyun... dedi.

Subay, fitili gaza değmediği için, ikide bir sallamadan yanmayan bir idare kandili ışığında telgrafı okudu. Mustafa Kemal Paşa bir dakika düşündükten sonra:

- Telgrafta adı geçen yerleri bir harita üzerinde işaretleyin ve bana getirin!.. dedi..

Bin güçlükle, ama sağlıklı olarak haritayı işaretledik ve

Paşa'nın önüne serdik. Dirseği üzerine doğrulup idare lambasının ışığı altında haritaya bakar bakmaz:

- Düşman çevrilmiştir!.. dedi.

Hemen kalktı ve bize:

- Birinci Ordu Komutanlığı'na gidelim dedi.

Gecenin zifiri karanlığında Birinci Ordu Komutanlığı'na geldik. Nurettin Paşa, hemen ayağa kalkıp bizi karşıladı. Oturdular.

Başkomutan:

- Bana gelen telgrafı gördün mü?.. dedi.

- Evet Paşam.

- Savaşın durumu nedir?..

- Düşman çevrilmiştir Paşam...

- O halde Paşa, burası Başkomutanlık karargâhıdır... Gerekeni yapınız!..

- Emredersiniz Paşam!..

Başkomutanlık karargâhı, avcı siperlerinin hemen yanı başında olursa, ordu komutanlığı karargâhı düşman siperlerinin içine girecek demektir... Bu, Nurettin Paşa'ya "İmha muharebesine başla!.." komutu demekti. Nitekim, Birinci Ordu, sabahı beklemeden düşmanın üzerine var gücü ile yüklendi...

"Kale nizamı..."

Afyon'da da buna benzer bir olaya şahit olmuştum. Afyonkarahisar düşmandan alınmış ve biz ertesi günü akşamı Afyon'da gecelemiştik. Bizi belediye binasında misafir ettiler.

Günlerden beri yorgun ve uykusuz olduğum için, erkenden yatmış ve hemen uyumuştum...

Bir ara uykum arasında bazı sesler kulağıma geldi... Hemen tetiklendim ve odadan çıktım. Koridorun ucunda bir odanın kapısı açıktı ve içerde yanan kuvvetli bir ışık, koridoru aydınlatıyordu.

Yaklaşıp odanın kapısına geldim ve başımı uzatıp içeriye baktım. Mustafa Kemal Paşa ile İsmet Paşa, önlerine bir harita sermişler, kasıklarını tuta tuta gülüyorlardı!.. Tam başımı çekip yatağıma döneceğim sırada Mustafa Kemal Paşa beni gördü ve seslendi:

- Kaçma gel buraya Salih!..

- Buyrun Paşam...

- Ne var, bir şey mi var?..

- Hayır, Paşam hiçbir şey yok... Ses duyunca merak edip kalktım, hepsi bundan ibaret...

- Sen bir şey yok de bakalım... O kadar çok şey var ki, senin bunlardan haberin bile yok!..

- Ama Paşam nasıl olur... Daha uykuya çekileli bir saat bile olmadı.

- Sen bir saati az mı görüyorsun!.. Bir saatte koca muharebe kazanılır veya kaybedilir... Sen nerelerde geziyorsun!..

Cesaretimi toplayıp sordum:

- Paşam, kahkahalarınızdan sevindirici bir haber olduğu anlaşılıyor. Bana da söylemez misiniz, ben de sevineyim...

- Peki, Salih söyleyeyim. Düşman dört tarafından çevrilmiştir. İsmet Paşa, bu güzel haberi getirdi, keyfimizden kahkahalar atıyoruz... Şimdi düşman, dört tarafına cephe kurmak zorunda kalacak!.. Şimdi söyle bakalım Salih. Düşmanın dört tarafına cephe kurmak durumuna düşmesine askerlikte ne denir?..

- Kale nizamı denir Paşam... Manastırlı İbrahim hocamız bunu böylece öğretmedi miydi?..

Bu yanıtım üzerine, üçümüzün de kahkaha makaraları boşandı!..

Mustafa Kemal Paşa, aslında alçak gönüllü bir komutandır. Yaverleri olan bizlerle içli dışlı, çok samimi ilişkileri vardı. Onun için kahkahalarına benim de katılmam, hatta biraz da hoşuna gitti.

Bir süre sonra:

- Aferin Salih, Kurmaylığı havadan kaptın!.. Şimdi bilesin yarın sabah erkenden yola çıkacağız. Ateş hatlarına sokulacağız... Hazırlıklarını ona göre yap...

- Başüstüne Paşam...

Düşmanın dört yandan sarılmasına o kadar seviniyordum ki, tekrar yatmama, uyumama imkan yoktu. O sevinç içinde Yaver Muzaffer'i de uyandırdım... Sabaha kadar hem hazırlandık hem de zaferin tadını yaşadık...

"Siz yenmeyeceksiniz de kim yenecek!.."

Sabahleyin otomobiller hazırdı. İsmet Paşa Afyon'da kaldı. Biz, Birinci Ordu Komutanlığı'na hareket ettik.

Mustafa Kemal Paşa, Birinci Ordu karargâhında Nurettin Paşa'yla görüştükten sonra, her an yeni bir destanın yazıldığı ateş hatlarına gittik...

Bir sırtı tırmandık; tepeye geldiğimiz zaman, önümüzde üç yüz metre kadar ilerde, Türk askeri ile düşman askeri boğaz boğaza savaşıyordu.

Sırtın üstünde savaşı seyre dalmışız; bu sırada atlı bir er çıkageldi. Atı komutan, Mustafa Kemal Paşa için göndermiş; kendisi bizim sırtın gerisindeki tepede savaşı idare ediyormuş, biz de buyuralımmış...

Mustafa Kemal Paşa, ere:

- Atı sen komutanına götür, o binip buraya gelsin!.. dedi.

Gerçekten, az sonra komutan, ok gibi sırtı aşıp yanımıza geldi. Bu, Fırka Komutanı Derviş Bey'di. (Sonra Paşa olmuştur.)

Komutan, sabahtan başlayan savaşın gelişmesini Başkomutan'a anlatıyordu. Karşımızda da her iki tarafın son haddine kadar dişini sıkıp, netice almaya çalıştığı bir savaş sürüyordu!... Derken tam bu sırada, arkamızdaki tepeden şiddetli bir topçu ateşi patladı... Gülleler etrafımıza düşüyordu. Kendi topçumuzun ateşiyle ölebilirdik!..

Mustafa Kemal Paşa, Fırka Komutanı Derviş Bey'e:

- Mademki biz buradayız, dedi; topçularınız daha ileri gitmeli... Hemen ateşi durdurun ve topçularınızı daha ileri alın...

Derviş Bey hemen harekete geçti, ateş kesildi ve topçular, avcı taburlarının arasına kadar ilerlediler...

Başkomutan:

- Avcı hatlarında telefon var mı?.. dedi.

Fırka Komutanı:

- Hayır, daha kurulmadı, diye cevap verdi.

Bunun üzerine Mustafa Kemal Paşa:

- Topçularla avcılar, burada bulunamazlar!.. Avcıların ilerlemesi lâzım, bunu temin edin!..

Fırka Komutanı Derviş Bey, hemen atına atladı. Kurşun yağmuru altında avcı hatlarına doğru bir dört nal kopardı... İçimden: "Eyvah, dedim; gitti fukara Derviş Bey!.. Bu ihtiyatsızlığı yapmayacaktı!.." Fakat, Derviş Bey, dudaklarında kelime-i şehadet, avcı taburlarına sapasağlam erişti; erişmesiyle hücuma kalkması bir oldu. Bu arada telefon da yapılmıştı. Az sonra Derviş Bey, telefonda şu müjdeyi veriyordu:

- Düşman, çil yavrusu gibi dağılmıştır; Murad dağlarına doğru kaçıyor... Peşindeyiz... Soluk aldırmadan sürüyoruz...

Mustafa Kemal Paşa, Derviş Bey'i başarısından ötürü kutladıktan sonra bize döndü:

- Bu iş bitmiştir!.. Biz de gider Dumlupınar'da geceleriz!..

Dumlupınar, daha yeni ele geçmişti. Oraya gitmek ve gecelemek tehlikeli idi. Paşa'yı bu fikrinden caydırmak için:

- Paşam, dedim; Dumlupınar yolunu bilmiyorum. Eşyalarımız da Afyon'da... Bu gece yataklarımızı getirtemeyiz. Acaba Afyon'a dönüp orada gecelesek ve sabahleyin Dumlupınar'a girsek?..

- Sen ne işler karıştırıyorsun?.. Dumlupınar'ı bilen birini arabaya al, hemen hareket edelim...

İster istemez Dumlupınar'a hareket ettik. Az önce anlattığım harap bir kulübeye girdik. Ne yatacak yatak, ne örtünecek bir şey vardı. Ben ve Muzaffer, kaputlarımızı Paşa'ya vererek, birini altına serip, birini üstüne çekmek suretiyle geceyi geçirdik...

Ertesi sabah, Afyon'dan eşyalarımız geldi. Başkomutan için uygun bir ev bulamadığımız için, bir evin toprak damı üstüne bir çadır kurduk. Başkomutanlık karargâhı işte bu çadırın içine girdi.

Telefon ve telgraf hatları artık hep Mustafa Kemal Paşa'ya ordusunun zafer haberlerini ulaştırıyordu.

Derken tutsaklar akını başladı. İlk önemli tutsaklar, düşman ordusunun "dört fırka komutanı" idi. Bu dört Yunan Generalini Mustafa Kemal Paşa'ya Kâzım Paşa (Orbay) getirdi. Başkomutan, tutsak Generalleri ayakta ve güler yüzle karşıladı. Hatırlarını sordu ve kendileriyle görüştü. Bir ihtiyaçları olursa, kendisine bildirmelerini de hatırlattıktan sonra, tutsak Generaller Mustafa Kemal Paşa'dan ayrıldı. İçlerinden biri temiz bir Türkçe ile bize sordu:

- Bizimle konuşan General kimdir?..

- Başkomutan Mustafa Kemal Paşa'dır...

Bu yanıt, düşman Generalini çok şaşırttı. Aynı şaşkınlık içinde sordu:

- Peki ne zaman geldi cepheye?..

- Cepheden hiç ayrılmadı ki... Savaşı kendisi idare etti...

Tutsak General üzgün, ama açık yürekle bize şöyle dedi:

- Zafer, elbette sizin hakkınız!.. Başkomutanınız ateş hattında muharebe idare ediyor... Bizim Başkomutanımız Hacıenesti, İzmir koyunda bir kotrada safa sürerek savaş yönetebileceğini sanıyor!.. Siz yenmeyeceksiniz de kim yenecek!..

"Onlar her şeyi daha baştan kaybettiler..."

Uşak'ta, Yunan orduları Başkomutanı Trikopis, yanında Diyonizist adlı bir Yunan Kolordu Komutanı, tutsak olarak Mustafa Kemal Paşa'ya getirdiler...

Mustafa Kemal Paşa, düşman ordusu Başkomutanını, nezaketle ve ayakta karşşıladı, oturttu ve kendilerine sigara ikram etti. Bir ara Mustafa Kemal Paşa, Trikopis'e:

- Afyon savaşında ihtiyat kuvvetlerinizi niçin kullanmadınız?.. diye sordu.

Trikopis, yanındaki Kolordu komutanını işaret ederek:

- Ben emir verdim, fakat Diyonizist dinlemedi...

Diyonizist atıldı:

- Başkomutanlık, Hacıenesti'ye geçmişti, ondan emir bekliyordum.

- Peki niçin vaktinde ricat etmédiniz?...

- Yollar bozuktu. Haberleşme araçlarımız yetersizdi. İki telsizimizden biri bozulmuş, tamir edilmesi için İzmir'e gönderilmişti. Öteki telsizi de sizin yaman topçunuz paramparça edince irtibatı kaybettik...

Mustafa Kemal Paşa, Generalleri dinledikten sonra şöyle konuştu:

- Vicdanınıza karşı görevinizi yaptığınıza inanıyorsanız, müsterih olabilirsiniz... Tutsak olmak insanın elinde değildir. En büyük komutanlar da tutsak olmuşlardır. Napolyon gibi bir komutanın başına gelenleri siz biliyorsunuz...

Trikopis çok üzgün ve kötümserdi. Mustafa Kemal Paşa'yı dinliyor, fakat üzüntüsünü bir türlü yenemiyordu.

En sonunda:

- Beni, dedi; yaverlerim bile bırakıp kaçtı... Kendimi öldürmeliydim!..

Mustafa Kemal Paşa, Trikopis'in moralinin çok yıkık olduğunu görünce İsmet Paşa'ya döndü ve:

- Komutanlar yorgundur... Kendilerinin dinlenmelerini temin buyurursunuz... dedi, ayağa kalktı. Konuşma bitmişti....

Trikopis ve arkadaşı da ayağa kalktı. Mustafa Kemal Paşa'yı başlarıyla selamladılar. Başkomutan, yanlarına giderek ellerini sıktı ve Trikopis'e:

- Konuğumuzsunuz... dedi. Her bakımdan yüreğiniz rahat olsun. Bir arzunuz olursa bana bildiriniz...

Bundan çok duygulanan Trikopis, karısının İstanbul'da olduğunu, durumundan ve sağlığından karısının haberdar edilmesini rica etti. Mustafa Kemal Paşa, karısının adresini aldırdıktan sonra, Kızılay yoluyla durumun iletilmesini emretti ve emri hemen yerine getirildi...

O akşam Mustafa Kemal Paşa, yatmaya hazırlanırken benimle konuşuyor ve tutsak Başkomutan için şunları söylüyordu:

-Trikopis'in yerine Hacıenesti'nin atanması sırasında taarruza geçmemiz bizim için faydalı oldu. Hele topçunun telsizi yok etmesi, çok işimize yaramıştır... Ama, komutan değişikliği olmasa, telsizleri de vızır vızır çalışsaydı, mutlaka yenileceklerdi. Başka çareleri yoktu çünkü... Onlar her şeyi daha baştan kaybettiklerinin hâlâ farkında değiller...

"Niçin gitmiyoruz?.."

Fahrettin Paşa'nın süvarileri İzmir'i tutmuştu, biz de Nif Kasabası'na gelmiştik. Neredeyse akşam oluyordu. Başkomutan için ayrılan küçük eve gittik. Kasabanın ileri gelenleri Paşa'ya şükranlarını sunmaya gelmişlerdi. Paşa, kendileriyle bizzat sohbet ettikten sonra:

- Burdan İzmir kaç kilometredir?.. diye sormasın mı!..

Yorgunluk iliklerime kadar işlemişti. Kendimi adım atacak güçte görmüyordum. Bu yüzden Paşa, kalkıp İzmir'e yönelirse ne yapacağımı acı acı düşünmeye başladım...

Köylüler Paşa'ya:

- Burdan İzmir, otuz-otuz beş kilometre kadar çeker... Ama, on-on beş kilometre ilerde Belkahve diye bir yer vardır; oradan İzmir tabak gibi görünür, dediler.

Paşa, duraksamadan:

- Gidelim... dedi.

Hemen de yola çıktık. Yol, anlatılmayacak kadar kötüydü. Ben ve şoför uykusuz, araba yorgundu. Canlı olan ve bizi sürükleyen, bir Mustafa Kemal Paşa idi...

Ama aslında bütün sorumluluk bizdeydi; savaşın Başkomutanını götürüyorduk... Dikkatimizi bileyerek bir sürü badireden sonra Belkahve'ye gelebildik. Gerçekten İzmir, burada insanın ayakları dibine halı gibi seriliyordu. Birinci Ordu Komutanı Nurettin Paşa büyük bir ağacın dibine sırtını yaslamış, İzmir'i seyrediyordu. Geldiğimizi görünce, hemen toparlandı ve yanımıza geldi. Askeri durum hakkında Başkomutan'a bir süre bilgi verdikten sonra İzmir'i anlatmaya başladı.

Nurettin Paşa, daha önceleri İzmir'de bulunmuş olduğu için şehri iyi biliyordu. Şehre ne taraftan girileceğini, semtlere nasıl ulaşılacağını, güvenlik ekiplerinin nasıl çalışacağını anlatıyor ve limanda demirlemiş İngiliz, Fransız, Yunan savaş gemileri hakkında elindeki bilgileri açıklıyordu.

Mustafa Kemal Paşa, bir yandan Nurettin Paşa'yı dinlerken, bir yandan da İzmir'den bize doğru gelen bir yük arabasına gözleri ilişti. Bana dönerek:

- Git, şu arabacı ile görüş. Nereden geliyor, ne haberler var?..

- Başüstüne komutanım!..

Gittim, yolun kenarına dikildim. Arabacı beni görünce; "hösst" deyip arabayı durdurdu.

- Nereden geliyorsun?..

- İzmir'den...

- İzmir'de ne var ne yok?..

- Kordon'da Türk süvarileri at koşturuyorlar...

- Yalan söylüyorsun!..

- İnanmazsan git de bak! Daha piyade askeri şehre girmedi ama, süvariler bütün gün vızır vızır kaldırımlardan kıvılcım çıkardılar...

- Hadi öyleyse hayırlı yolculuklar...

Arabacı, hayvanlara "hay" deyip yolu tuttu. Durumu, Başkomutan'a olduğu gibi anlattım. Mustafa Kemal Paşa, biraz düşündükten sonra Nurettin Paşa'ya:

- Niçin gitmiyoruz? dedi. Mademki askerimiz İzmir'e girmiştir, biz de girebiliriz...

Şahlanmış, cins bir savaş atına benziyordu.

Kadifekale'yi göstermek için İzmir'e uzanan eli, şehri avuçluyormuş gibi gergin ve ürpertiliydi...

Nurettin Paşa büyük bir özenle bazı özellikleri anlattı: Piyade gücümüz daha şehre girmemişti, bu yüzden şehirde güvenlik sağlanmış sayılmazdı. Piyadelerimiz erişmişti. Yarın sabah İzmir'i sokak sokak güven altına alacaklardı. Zaten akşam olmuştu. Gidilse bile karanlıkta yapacak pek bir şey yoktu...

"Zafer taşıyorsun sırtında..."

Başkomutan, "Peki" dedi ve Nif'e döndük. Gece Nif'te geçirilecek, sabahleyin erkenden yola çıkılıp İzmir'e ulaşılacaktı. İzmir'e girmekte Mustafa Kemal Paşa kadar ben de sabırsızlanıyordum...

Belkahve dönüşü, ince uzun bir toz bulutunun bize doğru gelmekte olduğunu fark ettik. Biraz daha yaklaştıkları zaman, bu toz bulutunun, İzmir'e doğru ilerleyen 8. Fırka'dan başka bir şey olmadığı anlaşıldı. Sanki savaşa değil, hatta talime değil, pikniğe gidiyorlarmış gibi bir halleri vardı. Şarkı söylüyorlardı. "Zaferi kazanmış ordu" demeye bin şahit yetmezdi!.. Mustafa Kemal Paşa sinirlendi, fakat bir şey demedi.

Bana dönüp:

- Şunlara, arkadaşlarının İzmir'e girdiklerini söyle de biraz moralleri yükselsin, kendilerine gelsinler... dedi.

Hemen otomobilde ayağa kalktım. Bir yandan nasıl başlayacağımı düşünüyor, bir yandan da bu insanlarda laf dinleyecek hal kalmadığını gözlerimle görüyordum. Kim bilir kaç günden beri yorgun argın, dur durak bilmeksizin yürümüşlerdi. Halsizdiler, perişandılar, belki de karınları açtı. Elimi kaldırdım, konuşanları susturduktan sonra:

- Asker! dedim; görüyorum yükün çok ağır! Elbette... Zafer taşıyorsun sırtında... Koskoca bir Başkomutanlık muharebesinin zaferini İzmir sırtlarına ellerinde, omuzlarında taşıyorsun!.. Ama, diklen ve toparlan asker! Çünkü, senin yiğit arkadaşların şimdi İzmir caddelerinde, Türk bayrağının gölgesinde geziniyor... Sen de onun bu mutluluğunu paylaşmak için İzmir'e koşuyorsun... Müjdeler olsun sana şanlı asker!.. İzmir düşmandan kurtuldu!..

Hayatımın en parlak nutkunu çektiğime inanıyordum. Başkomutan'ın da nutku beğendiği, yüzünden belliydi. Hatta benden beklemediği kadar güzel konuşmuş olmalıyım ki, bana gülerek "Döktürdün!" dedi. Ama dinleyenler, askerler ceset gibi yüzüme bakıyorlardı... Ne bir ses, ne bir nefes, ne bir hareket... Sanki benim söylediklerim Çince imiş gibi kimse bundan bir şey anlamamıştı. Zafere hayatlarını adamış bu insanlara İzmir'in ele geçtiğini söylüyorum da kılları bile kıpırdamıyordu... Neden sonra içlerinden biri her nasılsa sesini yükseltti:

- Aferin be!..

Mustafa Kemal Paşa, kıkırdamaya başladı, ben kendimi zor tutuyorum... Şoföre "yürü" dedim... İki tarafın kalınlaşan toz bulutu içinde Mustafa Kemal Paşa katıla katıla gülüyordu:

- Vur dedik, öldürdün Salih!.. Bizim meclisteki Hüseyin Avni gibi yaman bir nutuk döşedin. Oysa sen onlara: "Asker, gazan mübarek olsun... Müjdeler olsun size, İzmir'e arkadaşlarınız dün girdi!" deseydin, hepsi birden sana "Yaşa!" diye cevap verirlerdi.

Hayatımda bir daha yapamayacağım kadar güzel konuşmamın güme gittiğine mi yanayım, Mustafa Kemal Paşama maskara olduğuma mı, askere rezil olduğuma mı?.. Her neyse, olanları unuttum ve Nif'teki işleri düşünmeye başladım...

Nif'e geldik. Tam ayrılırken Paşa beni çağırdı:

- Yarın İzmir'e gideceksin... Kral Konstantin'in kaldığı evi benim için hazırlatacaksın. Ama aynen olacak... Bu işleri yaptıktan sonra gelip beni bulacak ve işleri tamamladığını söyleyeceksin!..

- Başüstüne...

- Yarın şafakla beraber Ruşen Eşref de yola çıkacak... Birleşirsiniz...

- Emredersiniz efendim...

Yapacak o kadar iş vardı ki, bütün gece bunları yapmaktan uyumaya zaman bulamadım. Ama şevk içinde yüzüyordum. Gavuru ıhtırmış (çökertmiş), gıcırdata gıcırdata yenmiştik. Şimdi bütün yurdun ve bütün dünyanın gözü önünde İzmir'e girecek ve düşman leşlerini denize devirip geçecektik...

"Vatan kurtulduktan sonra..."

Sabah, tazeden ışıyordu. Ruşen Eşref ve Mahmut (Soydan) Beyler bir kere de olayı kendilerine anlatmamı rica ediyorlardı. Bu takılmalar arasında Belkahve'yi tuttuk. Nurettin Paşa oradaydı. Bizi görünce, hemen bizi de yanına aldı. İzzettin Paşa da gelince üç otomobil halinde yola çıktık. Bu sırada benim, yolda nutuk çektiğim 8. Fırka'nın İzmir'e girdiğini öğrendik. Kendi kendime düşünüyordum; acaba hâlâ heceleri uzata uzata, yanık yanık şarkı söylüyorlar mıydı?..

Birden, önde giden Nurettin Paşa'nın arabası zınk diye durdu. Hepimiz tetiklendik, hiçbir şey yoktu. Yalnız, Nurettin Paşa bilmem hangi zamanda "Eğer İzmir'e ordu ile girersem, ilk rastladığım camide iki rekat namaz kılacağım." diye bir adakta bulunmuş, şimdi bu borcunu eda etmek için camiye girmiş... Bizim adağımız olmadığı için şehre doğru ilerledik.

Şehirde bir çeşit sokak muharebesi vardı. İki tarafın silahları insan yutuyordu. Tabancamı elime aldım ve otomobili sürdürdüm. Çok şükür, bu kurşun yağmurunda bir kurşun bile bize değmedi. Karşıyaka'da Kral Konstantin'in kaldığı evi buldum. Benim söylememe gerek kalmadan İzmirliler, bu işi tıpkı Mustafa Kemal Paşa gibi tasarlamışlar ve Konstantin'in kaldığı evi, Başkomutanlık karargâhı olarak süslemişlerdi. Ben, hemen durumu Mustafa Kemal Paşa'ya bildirmek üzere geri döndüm. Yolda, Hükümet Alanı'nda mızraklı süvarilerin önlemler almakta olduğunu gördüm. Yanaşıp sordum:

- Nedir, ne oluyor?..

- Mustafa Kemal Paşa İzmir'e girdi. Güvenlik önlemleri alıyoruz.

Demek Paşa, benden sonra hareket etmiş ve İzmir'e girmişti bile... Tehlikeli bir işti bu yaptığı... Yüreğim daralmadı desem, yalan söylemiş olurum. Çünkü şehirde sürekli tabanca ve makineli tüfek atışları ile bomba sesleri duyuluyordu. Her köşe başında ölüm tuzak kurmuş gibiydi. Bir pencere panjuru aralanıyor, bir bomba fırlatılıyor, sonra hızla kapanıyordu. Bombanın hangi panjurdan atıldığını çoğu zaman saptamak mümkün değildi. Kim kime, tum tuma idi İzmir... Gidenin anası ağlıyordu. Kalan uyduruyordu en sonunda işini...

Hükümet Meydanı görülecek şeydi... İzmirli Türkler, Türklerden yana olduklarını söyleyen ve güvenen Rumlar, Ermeniler, Yahudiler karmakarışık bir halde yığınlaşmışlardı. Kayıklar insan doluydu...

Hükümet Konağı'na Türk bayrağı çekilmiş, İzmir'e giren ilk yüksek rütbeli kumandan olarak Nurettin Paşa ile hemen onun ardından giren Başkomutan Mustafa Kemal Paşa konağa yerleşerek çalışmalara başlamışlardı...

İşte rastladığım Mızraklı Süvari Birliği de Başkomutan'ı ve ordu komutanını tehlikeden korumak için önlem alıyorlardı.

Fakat daha top sesleri sürüyor, savaş bütün dehşetiyle yakın çevrelerde devam ediyordu. Düşmanın Söke'de bulunan iki alayı İzmir'e doğru çekilmeyi düşünürken, İzmir'e Türk ordusunun girdiğini öğrenmesi üzerine, Seydişehir'de bizim kuvvetlerimizle karşılaşmıştı. Çatışmaya girmişlerdi. Top sesleri, bu savaşı haber veriyordu.

Ayrıca, bunun dışında, Albay Çolak İbrahim'in ilerden sürüp getirdiği düşman da İzmir'den gemilere binmeyi tasarlamıştı. Fakat, İzmir'de Türk ordusunun bulunduğunu anlayınca, yana kaymış ve Çeşme üzerinden kurtulmayı denemişti. Fakat, bu ayrı ayrı iki güç birleşseler ve İzmir'i zorlasalar, gerisini kimse hesaplayamazdı... Fakat, Allah korudu ve bu iki düşman kuvveti, biri Söke'de, biri Çeşme'de son nefeslerini verdiler.

Yıllar sonra Mustafa Kemal Paşa bir gün, bugünleri hatırlayarak bana şunları söyleyecekti:

- Az kalsın Yunanlılar bizi İzmir'de kıstıracaklardı. Yenilmiş düşman, kıyıcı olur. Belki canımızı da yitirirdik ama, zafer kazanılmıştı; vatan kurtulduktan sonra ölmüşüz, kalmışız ne gam!..

"Bir milletin Devlet Başkanı, milletin bayrağı gibidir..."

Muhafız Süvariler, Hükümet Meydanı'nı değil ama, hükümet kapısının önünü açmışlar ve halkın içeri doluşmasını engellemişlerdi.

Kapının önünde bir spor otomobil vardı. Kırmızı beyaz güllerle süslenmiş, gelin arabası gibi donanmıştı.

Meğer, İzmirlilerin Atatürk'e armağanıymış!..

Geçip salona girdim. Kapılar açılıp kapanıyor, birtakım insanlar odadan odaya geçiyorlar... bir ara, uzun boyu ve gösterişli gövdesiyle gözüme Ruşen Eşref Bey ilişti. Yaklaştım:

- Ruşen Bey, Mustafa Kemal Paşa nerede?..

Telaş içinde koşuşan Ruşen Eşref, beni görünce ferahladı ve gülümsedi:

- Şu karşıdaki odada çalışıyor. Ben de yanına gideceğim. İstersen birlikte girelim. Sizin odanız da yanındaki... Şimdi Yüzbaşı Muzaffer Bey yalnız başına çalışıyor. Sizin kapının solundaki kapı da Nurettin Paşa'nın çalıştığı odaya açılır. Benim odayı biliyorsun; işte, şimdi çıktığım kapı...

Ruşen Eşref, böylece durumu özetleyiverdi. Ruşen Eşref'le birlikte Paşa'nın yanına çıktım. Beni görünce, gözleriyle sordu:

- Tamam Komutanım, dedim; her şey hazırlanmış, her şey sizi bekliyor...

- Peki, sen Muzaffer'i yolla dinlensin, o hiç uyumadı. Nöbeti sen al...

- Başüstüne Komutanım!..

Muzaffer uyumamış; sanki ben uyumuştum!

Ama, Muzaffer gençti. Daha fazla elbette dayanamazdı. Ben ne de olsa eski topraktım. Muzaffer'i gönderdim ve nöbete girdim. Akşama kadar nefes almaya zamanım olmadı. Nurettin Paşa, hemen her sorun karşısında Mustafa Kemal Paşa'nın fikrini almak istiyor, böylece sağımdaki ve solumdaki odaların hareketliliği, ortadaki odayı bir deprem heyecanına boğuyordu!..

Geç vakit çıkabildik; otomobille Karşıyaka'ya gidiyorduk. Arabada Fevzi Paşa, Nurettin Paşa ve İstanbul'dan gelen bir gazeteci vardı. Açık araba ile ortaya çıkmamız çok tehlikeliydi. Kaçamamış yaralılardan biri pekala bir bomba fırlatabilir ve büyük bir tehlike yaratabilirdi. Mustafa Kemal Paşa, bütün bunlardan uzak, arkadaşlarına yapılacak işler hakkında direktifler vererek kalacağı binaya geldi.

Yalı, ampüllerle donanmış, çiçeklerle süslenmiş, pırıl pırıl edilmişti. Mustafa Kemal Paşa, Konstantin'in kaldığı yalıda geçireceği gecenin mutluluğu içinde bir iki adım atar atmaz, merdivenlerin önüne döşenmiş bir halıya gözü takıldı: Bu, Yunan Kralı Konstantin'in üzerine resmi işlenmiş bir hali idi. Yola serilmişti ki, Mustafa Kemal Paşa, Konstantin'in suratına basıp eve girsin!

Birden öfkeyle bana döndü:

- Nedir bu?.. Bu rezilliği kim düşündü?.. Bir milletin Devlet Başkanı o milletin Bayrağı gibidir. Kişiliğini sevmeyebilirim ama, saymaya mecburum... Kaldırsınlar halıyı yerden, çabuk!..

Kimseyi beklemeden, koşup halıyı dürdüm, yerden

kaldırdım, orada duranlardan birinin eline verdim. Yaptıklarımı, Mustafa Kemal Paşa gözleriyle izliyordu. Sakıncanın ortadan kalktığını görünce yürüdü ve merdivenlerden çıkarak salona girdi...

Gerçekten, güzel döşenmiş, geniş, ferah bir salondu. Başkomutanlık, İzmir karargâhı için çok elverişliydi. Ben binayı çarçabuk gezip hangi odada kimin kalacağını ve hangi odanın ne için kullanılacağını saptadıktan sonra, aşağıya indiğim zaman baktım, Mustafa Kemal Paşa masaya oturmuş, kadehini önüne koymuş bile... Yanında Ruşen Eşref vardı ve İstanbul basınından bir gazeteci... Ben de sofradaki yerimi aldım.

Başkumandan, düşmandan kurtardığı İzmir'de geçireceği ilk gecenin tarif edilemez sevincini yaşıyordu.

Ömer Naci'den şiirler okudu.

Rumeli türküleri söyledi. En sonunda beni de türkü söylemeye zorladı.

O zamana kadar hep düşünürdüm. İnsan sarhoş olduğu için mi bağırıyor yoksa bağırdığı için mi sarhoş oluyor diye...

O gece kendi halimde içerken hiçbir sarhoşluk duymadığım halde Mustafa Kemal Paşa'nın istemesi üzerine türkü söylemeye başlayınca ummadığım kadar sarhoş olduğumun farkına vardım. Demek insan, biraz sarhoş olduğu için bağırıyor ise, biraz da bağırdığı için sarhoş oluyor, demektir...

Bu yalının her şeyi iyi idi, hoştu ama yosun kokuyordu.

Hele rüzgâr denizden yana esti mi dayanılır gibi değildi... Mustafa Kemal Paşa:

- Hemen yarın bana bir başka karargâh olacak bina arayıp bulun. Burada oturup çalışılamaz... Bu koku çekilir gibi değil...

Nitekim ertesi günü hemen bütün gösterişli binaları gözden geçirdik Uşakizadelerin Beyaz Köşk'ü ile bir doktorun rıhtımındaki konağı karargâh olmaya elverişliydi. İkisini de Mustafa Kemal Paşa'ya gösterdim. Doktorun konağını seçti ve hemen o gün buraya taşındık...

"Siz kimsiniz?.."

İzmir'deki yeni evinde Mustafa Kemal Paşa ilk gecesini çalışarak geçirdi. Kendisi için zengin bir sofra hazırlandığı halde hiçbir yemeğe dokunmadan ufak tefekle karnını doyurdu ve geç vakitlere kadar çalıştı.

Ertesi sabah erkenden uyanmıştık. Hafif bir kahvaltıdan sonra vilayet konağına gittik ve doğruca Vali'nin odasına girdik. Vali, İngiliz Konsolosu ile konuşuyordu... Biz gelince Vali ayağa kalktı ve Konsolos'la Mustafa Kemal Paşa'yı tanıştırdı.

Konsolos, iyi Türkçe biliyordu. Ufak tefekti. Yüzünde, önce kendisine, sonra hiçbir şeye inanmamış olmanın yıkıntısı vardı.

Paşa, Vali'ye sordu:

- Konu nedir?

Vali anlattı :

- Sayın Konsolos, İngiliz tebasında olan vatandaşlar ile Rum, Ermeni, Yahudi gibi azınlıkların güven altında bulunduklarını belirtir bir "güvence" istiyorlar. Ben kendilerine herkesin eşit biçimde güven altında olduklarını bildirdim.

Mustafa Kemal Paşa, Konsolos'un Türkçe bildiğini biliyordu, öyle olduğu halde öfkesini belirtmek için sordu:

- Ee, peki daha ne istiyormuş?

Bu soruya Konsolos Türkçe cevap verdi.

- Tebamız hakkında hükümetinizden yazılı teminat istiyorum!..

Konsolos garip bir biçimde diklenmişti. Sanki Tanrı'nın kendisinden esirgediği görkemi, sesi ile kazanmak istiyormuş gibi, bu sözleri gerile gerile söylüyordu. Paşa'nın sesi havada kırbaç gibi şakladı:

- Yunanlılar zamanında kendi tebanızı daha emniyette mi görüyordunuz?

Konsolos gerisinde İngiliz devletinin bulunduğunu belli eden bir kasılma ile:

- Evet, dedi. Yunanlılar burada iken tebamızı emniyette görüyorduk.

- Öyleyse buyurun tebanızla birlikte Yunanistan'a gidin, efendim !

Konsolos kendisinden umulmayacak bir cesaret gösterdi :

- Yani majestelerimin hükümetine savaş mı açıyorsunuz?

Mustafa Kemal Paşa, bu bızdık Konsolos'a iyice öfkelenmişti fakat öfkesini tuttu ve Konsolos'a:

- Siz kiminle ve ne konuştuğunuzu biliyor musunuz?.. Ben Türkiye Büyük Millet Meclisi Başkanı ve Türk Orduları Başkomutanıyım. Savaş açmaya, barış yapmaya hakkım var. Siz kimsiniz!.. Hükümetiniz adına savaş ve barış görüşmeleri yapmaya yetkili misiniz? Böyle bir yetkiniz varsa görüşelim... Yoksa (Eliyle kapıyı gösterdi.) buyurunuz efendim!..

O kasım kasım kasılan Konsolos, Mustafa Kemal Paşa'nın son cümlesi üzerine sapsarı kesildi ve tek bir kelime söylemeden kapıdan çıktı gitti. Mustafa Kemal Paşa arkasından bir süre baktıktan sonra Vali'ye döndü:

- Yüz vermeyin Vali Bey! Bunlar karşılarında hala Babıali Hükümeti var sanıyorlar. Bir zırhlısı önünde pısacak, bir blöfü önünde yelkenleri suya indirecek "devletçik" sanıyorlar bizi!.. Küstahlığın derecesine bakın; bana "Savaş mı açıyorsunuz?" diye soruyor, barut kokan bir odada sorduğuna bak!.. Savaş halinde değil miyiz sanki!..

"Karşımda oturuşunuzu,
sizi konuk saymamıza borçlusunuz!.."

Vali'nin yanından çıktık ve odalarımızda çalışmaya başladık. Bir süre sonra Ruşen Eşref geldi.

- İzmir bir kere daha ayağa kalktı, dedi. Konsolos buradan çıkar çıkmaz, bir taraftan Konsoloshaneyi toplamaya başlamış, bir taraftan da İngiliz tebalı olanlara haber göndererek: "Hemen şehri terk etmelerini" bildirmiş. Rıhtım mahşer günü... Kordonboyu, kendilerini limanda bekleyen İngiliz, Fransız gemilerine götürecek kayık arayan insanlarla dolu... Kadın erkek, çoluk çocuk deniz kenarına dökülmüşler. Durumu Nurettin Paşa'ya söyledim:

- Olay var mı?.. diye sordu...

Olay yok ama çok önemli gelişmeler var.

Acaba Mustafa Kemal Paşa'ya bildirsem mi?

diye benden akıl danıştı...

Her halde durumu Mustafa Kemal Paşa'ya bildirmekte yarar vardı:

- İstersen gir, dedim. Yanında kimse yok...

Girdi, içerde epey kaldı...

O, Mustafa Kemal Paşa'nın odasından çıkarken, kollarında ve omuzlarındaki işaretlerden amiral rütbesinde olduğu anlaşılan İngiliz Donanması Komutanı, Hükümet Konağı'nın kapısından girerek Mustafa Kemal Paşa'nın odasına doğruldu. Nazik, fakat öfkeli bir hali vardı. Ruşen Eşref önüne çıkıp ne istediğini sorunca:

- Başkomutan Mustafa Kemal Paşa'yla görüşmek istiyorum!.. dedi.

Ruşen Eşref, Amiral'i benim odama alırken sordu:

- Görüşme, hangi konuda yapılacak acaba?..

- Ordunuz İzmir'e girdi. Bu bir zaferdir. Bir İngiliz askeri olarak, Başkomutanınızı kutlamak isterim. Bu arada, yeni gelişmeler bakımından kendilerinden öğrenmek istediklerim olacak...

- Bir dakikanızı rica ederim, sayın Amiral... Kendilerine teşrifinizi haber vereyim...

Ruşen Eşref, Mustafa Kemal Paşa'nın odasına girdi, bir süre kaldıktan sonra çıktı ve yol gösterdi:

- Buyrun efendim. Başkomutan hazretleri sizleri bekliyorlar.

Birlikte odaya girdiler, kapı kapandı.

Amiral, önce:

- Çok güç koşullar altında bir savaş kazandınız. Sizi, asker olarak içtenlikle kutlarım... Çanakkale'deki başarınızı rastlantıya borçlu olmadığınız, kanıtlanmış oldu. Büyük bir askerle tanıştığım için memnunum, demiş.

Mustafa Kemal Paşa, çok hoşlanmış bu sözlerden... Kim olsa hoşlanır elbet. Dünyanın en büyük devleti sayılan İngiltere'nin bir Amiral'i -hem de düşman olduğunuz halde- sizi övüyor!.. Diplomatik bir söze giriş de sayılsa, değerinden bir şey yitirmez sanırım... Sigaralar sunulmuş, çaylar söylenmiş, sıcak bir hava doğmuş Mustafa Kemal Paşa ile Amiral arasında... Hatta bir ara Mustafa Kemal Paşa, sabahki Konsolos'u hatırlayıp, askerlerin diplomasiyi sivillerden daha iyi yürüttüğüne inanır gibi olmuş...

Amiral, bir süre sonra konuya girmiş:

- Ülkenin, kontrolünüz altında bulunan bölümünde bizim tebamız ve sizin azınlıklarınızdan Ermeniler, Rumlar var. Yeni askeri yönetim altında bu insanların statüsü nedir?.. Güvende midirler?..

- Hiç kuşkunuz olmasın Amiral!.. Türkiye'deki bütün insanları gibi, tabanız ve sözünü ettiğiniz azınlıklar da Türkiye Büyük Millet Meclisi Hükümeti'nin eşit koruması altındadırlar. Suç işlemeyenler, kendilerini bu memlekette benim kadar güvende sayabilirler...

- Suç işleyenler?..

- Suç işleyenler Sayın Amiral, dünyanın her yerinde olduğu gibi, ülkemizde de adaletin huzuruna çıkarlar... Suçlu iseler, cezalarını elbette çekeceklerdir...

- Fakat, Paşa Hazretleri, fevkalade günler geçirdik. Yunan ordusundan cesaret alan Rumların bazıları, şımarıklıklar yapmış olabilir. Bugün bu insanlar yerli halkın düşmanlığı ile yüzyüzedirler. Ermeniler için de başka açıdan aynı şeyleri söyleyebilirim. Biliyorsunuz, arkadaşlarının büyük bir bölümü göçe zorlandı ve önemlice bir bölümü de hayatını kaybettiler. Bu ruh tedirginliği içinde Yunan ordusu ile işbirliği yapmış, bazı Türklere zor günler geçirtmiş olabilirler. Bunlar, fevkalade günlerin olaylarıdır. Bağışlanması, hoş görülmesi gerekir. Eğer bu kimseler, halkın husumetine bırakılacak olurlarsa, bütün dünya aleyhinize kıyameti koparır!..

Son cümleye kadar Amiral'i gülümseyerek dinleyen Mustafa Kemal Paşa, dünyanın koparacağı gürültü ile kendisini tehdide girişince, sözünü bıçak gibi kesmiş:

- Şu "Efendi Devlet" rolünü bir kenara koyunuz Amiral!.. Milletleri de tehdit etmekten vazgeçiniz!.. İngiltere ve müttefiklerinin kıyameti koparıp koparmayacaklarını düşünmem! Bunlar, memleketimin iç işleridir; kimsenin bu işlere de karışmasına müsaade edemem!.. Majestelerinizin devleti memleketimizin azınlıklarıyla uğraşmaktan vazgeçsinler! Biz de kendi azınlıklarımızın konularıyla uğraşmıyoruz... Kim bize saygı beslemezse, bizden saygı beklemeye hakkı olmaz. Şimdi söyleyeceklerinizi dinliyorum...

Amiralin benzi önce kül gibi olmuş, sonra ıstakoz gibi kızarmış:

- İngiltere hükümetinin tebasını her yerde koruma hakkı, devletler hukuku teminatı altındadır. Avrupa devletleriyle birlikte arkaladığımız Rum ve Ermenilerin güven içinde bulundurulmasını sadece rica ettik. Yoksa, (Elini limandaki gemilerden tarafa uzatarak) biz bu güvenliği sağlayacak kuvvetteyiz...

İşte o zaman Mustafa Kemal Paşa'nın tepesi iyice atmış:

- Arkaladığınız Yunan ordusunun denizde yüzen leşlerini herhalde görmüş olmalısınız!.. Türk ordusu, asayişi sağlayacak güçte olduğu gibi, limanı boşaltacak güçtedir de... İsterseniz, Türk'e ihanet eden tebanızın ve azınlıklarımızın adaletten kaçan sefillerini geminize doldurabilirsiniz!.. Donanmanızın da en kısa bir zamanda limanı terk etmesini istiyorum!..

Mustafa Kemal Paşa'nın cümleleri, art arda Osmanlı tokatları gibi Amiral'in yüzünde şakladıkça, Amiral, ne yapacağını şaşmış ve en sonunda Paşa'ya:

- İngiltere'ye savaş mı açıyorsunuz?.. demiş.

İşte Mustafa Kemal Paşa, burada son sözünü çıkmış:

- Savaş açmak mı? Siz yoksa Sevr Antlaşması'nın hâlâ yürürlükte olduğunu mu sanıyorsunuz?.. Biz onu çoktan yırttık... Karşımda oturuşunuzu, sizi konuk saymamıza borçlusunuz!.. Fakat görüyorum ki, nezaketimizi kötüye kullanmak eğiliminiz var... Buna müsaade edemem. Bizim gözümüzde, "Barış anlaşması yapmamış" iki devletiz. Savaş hukuku yürürlüktedir. Gemilerinizi derhal karasularımızdan çekmenizi size ihtar ediyorum!..

Bir balmumu heykeline dönmüş Amiral, Anadolu deyimiyle, dudağı yarılmış... Şişe-gerine girdiği Mustafa Kemal Paşa'nın odasında oturduğu sandalyede küçüldükçe küçülmüş ve sonunda kekeleyerek:

- Af edersiniz!.. demiş ve yerlere kadar eğilerek geri geri kapıya gidip dışarı çıkmış.

Vilayet kapısında kendisini bir İngiliz müfrezesi bekliyordu. Amirallerini görünce selam durumuna geçtiler. Fakat Amiral, müfrezenin selamını bile almadan kendisini bekleyen motora bindi ve hemen gemisine doğru kıyıdan uzaklaştı.

Ruşen Eşref, hem düşünceli hem de gülüyordu:

- Paşa, Amiral'i anasından doğduğuna pişman etti. "Kendisinin Türk topraklarında savaşçı olarak bulunduğunu" Mustafa Kemal Paşa'dan öğrendiği zaman, o kadar sapsarı kesildi ki, balmumu heykeli bile öyle değil!.. Tutuklanacağını, tutsak edileceğini sandı.. İnce dudaklarını ısırıyor, parmaklarını birbirine kenetlemiş, titriyordu. Karşısında Babıali Paşası bulunacağını tasarlamıştı herhalde... "İngiltere devletini kendi devletine eşit gören" bir Paşa ile karşılaştığı için, ihtiyatsızlık edip karaya çıktığına kim bilir nasıl lanet etmiştir...

"Asker olarak zaferlerine,
insan olarak kendisine hayranım..."

Aradan bir saat geçti geçmedi... İngiliz gemisinden bir müfreze ve bir teğmen çıktı. Amiral'den –devleti adına– bir ültimatom getiriyordu, Başkomutan Mustafa Kemal Paşa'ya kendi eliyle verecekti. Paşa'ya bildirdim; "Gelsin" dedi.

Teğmeni içeri aldım. Ruşen Eşref tercümanlık yapıyordu. İngiliz, çakı gibi bir teğmendi. Paşa'nın karşısında gösterişli bir selam verdi ve Ruşen Eşref aracılığıyla ültimatomu Paşa'ya ulaştırdı.

Paşa:

- Peki teğmen! Hükümetimiz ültimatomunuzu inceler ve hükümetinize gereken karşılığı verir. Siz geminize dönebilirsiniz...

Teğmen, odaya girdiğinden beri değişmişti. Dışarda soğuk, görev yapan bir asker havasında iken, Paşa'nın karşısına çıktıktan sonra yumuşamaya, sevimlileşmeye, gözlerine hayranlık ışıkları düşmeye başladı. Herhalde, göbeğine kadar sakalı olan bir Osmanlı Paşası beklerken, kendisinden ancak birkaç yaş büyük sarışın, mavi gözlü, ateş kaynayan bakışları ile çevresini süzen, peşinde iki büyük zafer sürükleyen Mustafa Kemal Paşa'yı görünce çok şaşırmıştı.

Önce dışarı çıkacakmış gibi bir hareket yaptı, sonra Ruşen Eşref'e dönüp:

- Başkomutan hazretlerinin ellerini öpmeme müsaade buyururlar mı?..

Ruşen Eşref, teğmenin dileğini Paşa'ya söyledi; Paşa:

- Neden icap etmiş sor bakalım!.. dedi.

Teğmen:

- Asker olarak zaferlerine, insan olarak kendisine hayranım... Lutfetsinler...

Teğmen, Paşa'nın uzattığı eli öptü, Paşa da teğmenin yanağını okşadı. Odayı boşalttık.

Az sonra Ruşen Eşref'i çağırdı:

- Metni okudunuz mu?.. Ne istiyorlar?..

- Paşam, Amiral ile görüştüklerimizin yazı ile de pekiştirilmesi isteniyor.

- Öyleyse Halide Hanım'ı (Halide Edip Adıvar) bulunuz, hemen tercümesini yapsın ve metin olarak bana getirsin... Öte yandan bir kopyasını şifre ile Dışişleri Bakanlığı'na gönderin, gerekeni yapsınlar... Durumu, ordu komutanı Nurettin Paşa'ya ayrıntılarıyla bildiriniz. Gerekiyorsa benimle temas etsin. Şimdilik bu kadar...

Olay, kısa bir zaman içinde şehirde duyulmuş ve müttefik gemilerine güvenip, kadınlı erkekli kordonda piyasaya çıkanlar bir anda ortadan yok oluvermişlerdi.

Ruşen Eşref, bu olayı edebiyatçı diliyle:

- Hortlaklar, mezarlarına çekildi!.. diye özetledi.

Gerçekten, Azrail'in tepelerinde dolaştığından haberi olmayan birtakım kimseler, İngiliz Amirali'nin neredeyse tutuklanıp tutsak edilmekten güç kurtulduğunu öğrenince, hemen pusup saklanıverdiler...

İngiliz ve Fransızlar, kendi devletlerinin uyruğunda olanları, gemilere bindirmeye başlamışlardı. Nitekim, birkaç saat sonra da sessizce çekilip gittiler...

"Düşmanlar, hasetlerinden çatlasınlar!.."

İzmir, kurtuluşunun dördüncü gününü yaşadığı halde, ilk kez bugün, tehlikeli biçimde bir sessizliğe büründü.

Yabancı uyruklular çekildikten, İngiliz ve Fransız gemileri limanı boşalttıktan sonra, Rum ve Ermeni mahalleleri yeniden kapılarını ve panjurlarını örttü. Yeniden silah sesleri duyulmaya, bombalar sokaklarda patlamaya başladı. Nurettin Paşa, daha üç gün önce:

- Şehir savaş durumundan çıkarılmış, günlük hayatına dönmüştür. Her tarafta tam bir güvenlik sağlanmış bulunuyor, diye Mustafa Kemal Paşa'ya rapor verdiği halde; günlük hayat şöyle dursun, şehirde bir çatışma olasılığı her sokakta fark ediliyordu...

Bu karşılıklı bekleyiş bir yerde bozuluverdi. Şehirde yağma ve yangın aynı zamanda başladı.

Askerlerin ve yerli halkın koyulduğu yağma mı yangınları başlattı, yoksa yangınlar mı yağmanın kapılarını açtı, bilinmiyor; ama yağma sürüyor, yangın büyüyordu.

İlk ateş, Ermeni mahallesinden çıkmıştı. Yangını söndürmek için itfaiye harekete geçirildi; ama itfaiyenin bütün su hortumları, parçalanmış, delik deşik edilmişti! Demek önce sabotaj gerçekleştirilmiş, sonra yangın başlattırılmıştı.

Derken, Aya-tria ve Foti kiliselerinin temellerine sokulmuş saatli bombalar birbiri peşi sıra patlamaya başladılar... Gökyüzü, duman ve alevle doldu. Artık, şehrin yönetimi Nurettin Paşa'nın ve Vali'nin elinden çıkmıştı. Mustafa Kemal Paşa ve Cephe Komutanı İsmet Paşa, Nurettin Paşa ile çalışmaya başladılar. Az sonra, Fevzi (Çakmak) Paşa da kendilerine katıldı. Paşaların en iyimseri Mustafa Kemal Paşa idi:

- Önemli değil! Azınlıklar, bize yanmış yakılmış bir İzmir bırakmayı tasarlamışlar... Hem bu sahte vatandaşların hem de yangının hakkından nasıl olsa geleceğiz... Yanmış yakılmış İzmir'in yerine öylesine yepyeni ve görkemli bir İzmir yapacağız ki, düşmanlar hasetlerinden çatlayacaklar.

Bir yandan da ordu, İstanbul ve Çanakkale üzerine hareket halindeydi. Cephe Komutanı İsmet Paşa, Başkomutan Mustafa Kemal Paşa'dan harekat hakkında talimat istiyordu...

Bir gün, Mustafa Kemal Paşa'nın, İsmet Paşa'ya şöyle söylediğini duydum:

- Bugün İngilizler bizimle savaşa tutuşamazlar. Savaşa tutuşan kabine, ertesi gün parlamentoda düşer... Anzak taburlarını, Gorkaları terhis ettiklerinden, ellerinde yeteri kadar asker de kalmamıştır. Dikkat edilecek nokta, İngiliz kamuoyunu çileden çıkaracak bir hareket yapmamak, bir...

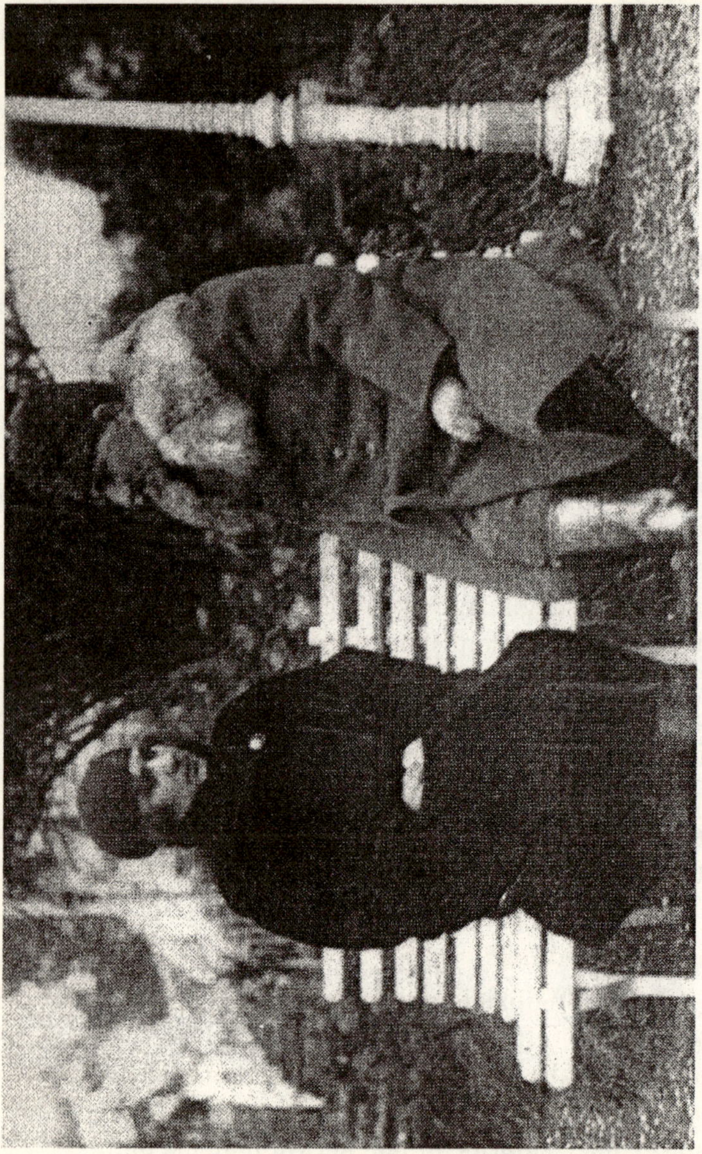

Pakize ve Salih Bozok, Uşakizâdelerin İzmir Göztepe'deki köşkünün bahçesinde

Çanakkale ve İzmit'teki küçük rütbeli Subayları tahrik edip, silahlı çatışmaya yol açmamak, iki...

Çevrede güvenlik önlemleri alınız, fakat İngiliz garnizonlarına dokunmayınız... Halktan soyutlandıkları zaman, zaten yapacak bir şeyleri kalmaz...

"Mustafa Kemal Paşa'nın İngiliz Amirali'ne karşı tutumu ile, İngiliz garnizonlarına karşı tutumunun nasıl birbirinin zıddı" olduğunu tarihe söylemek için bu satırları yazıyorum.

Mustafa Kemal, benim arkadaşımdı, onu severim ama, Mustafa Kemal Paşa benim komutanımdı, ona hayranım!.. Tarihin de benim komutanıma hayran olacağından kuşku duymuyorum!..

Bütün çalışmalara rağmen yangının önü alınamadı. Elverişli rüzgârın da etkisi ile kısa bir zamanda büyüdü ve bir kolu Kordon'u silip süpürerek Mustafa Kemal Paşa'nın oturduğu eve kadar dayandı. İsmet ve Fevzi Paşalar çoktan karargâhlarını boşaltmışlar, yangından uzakça başka yerlere çekilmişlerdi. Ben, Mustafa Kemal Paşa'ya hatırlattıkça, o pencereden yangına bakıyor:

- Görmüyor musun, daha çok uzakta... Bize gelene kadar işimizi bozmayalım. Hem rüzgârın başka yöne sürüklemeyeceğini nerden biliyorsun?.. diyor, işini sürdürüyordu.

Sonunda Fevzi ve İsmet Paşalar geldiler ve karargâhın yerini değiştirmesi gerektiğini sıkıca söyleyince, bana: "hazırlığın ne olduğunu" sordu:

- En uygunu, Uşakizadelerin köşkü Paşam. Gereken hazırlıkları yaptım. İçinde yaşlı bir kadın olan Uşakizadelerin büyükannesi ile, küçük kızları var. Onların bölümleri ayrı...

Ne bizim onları, ne de onların bizi rahatsız etmeleri olasılığı söz konusu olur, dedim.

Paşalar da uygun görünce, Mustafa Kemal Paşa:

- Pekala, hemen taşınalım ve işimize koyulalım... dedi. Hemen o gece taşındık...

AŞK KAPIYI ÇALMADAN GELİR

- İzmir'i teşrifinizle Türk Milleti muradına erdi. Evime şeref vermenizle, Ben muradıma ermiş bulunuyorum... Hoşgeldiniz Paşam! Hoş geldiniz Paşalarım!.. Bu gecenin minnettarlığını ömrümün sonuna kadar taşıyacağım...

Böyle karşıladı evinin kapısında, Uşakizade Latife Hanım, Mustafa Kemal Paşa ve arkadaşlarını!..

Paşa, biraz şaşarak, biraz da hoşlanarak dinledi bu sözleri kapıda; sonra beraberindeki İsmet ve Fevzi Paşalara dönüp:

- Girelim! dedi.

Büyük bir bahçenin içinde, martı kanadı gibi bembeyaz bir köşktü bu! Salonlar geniş, odalar ferahtı. Konuk ağırlamaya elverişli idi.

Sahibi olan Latife Hanım, bir gün önce köşkü gezerken maksadımı öğrenince, adeta yoluma gerilip, ağzımdan söz almaya çalıştı:

- Salih Beyefendi. Babam, annem, kardeşlerim Avrupa'dalar... Büyük annemle bir başıma bu koca köşkte oturuyorum. Ben de Avrupa'daydım aslında... Fakat, gazetelerden savaşın hızlandığını, Türk ordularının Sakarya'da Yunan ordusunu durdurup perişan ettiğini öğrenince duramadım oralarda, koştum geldim... Memleketimin kurtuluşunu gözlerimle görmek için!.. Onu kurtaran yüce komutanların barut kokan ellerini öpmek, yüzlerine hayran gözlerle bakmak için!.. Rüyalarımı dolduran muradımdı bu. İşte şimdi rüyalarım gerçekleşmek üzere... Başkomutan Mustafa Kemal Paşa, evimde konuk olacak. Bu fırsatı kaçırırsam, mahşer gününe kadar yanarım! Babam ve annem, böyle bir beceriksizlik yaptığım için, beni ömür boyu bağışlamazlar... Ne olur Salih Beyefendi, beni muradımıza ermek mutluluğundan ve Mustafa Kemal Paşa'yı konuk etmek şerefinden mahrum etmeyin!..

Latife Hanım

Zaten, gezdiğimiz köşklerin en uygunu buydu. Kaldı ki, bu genç kız o kadar içten konuşuyor ve o kadar heyecanla ve tutkuyla Mustafa Kemal Paşa'yı konuk etmek istiyordu ki; en uygun olmasa bile, kendi hesabıma tercih ederdim.

Bütün samimiyetimle bu düşüncemi kendisine söyledim de... Ama yine de bir türlü inanamıyor, yüreğini delen kuşkuyu üstünden atamıyordu. Mustafa Kemal Paşa, Fevzi ve İsmet Paşalarla köşkün demir kapısından girene kadar da herhalde yüreğini delen kuşkudan kurtulamamıştır!..

Latife Hanım; 23-24 yaşlarında, ela gözlü, kumral, ufak tefek, tombulca bir genç kızdı.

Çabuk sevinir çabuk üzülür, hem ürkek hem cesur; velhasıl kışı da, baharı da yaman ve salçalı idi...

Birkaç dil biliyordu. Kolej bitirmişti. Kafasının içinde ve odasının duvarlarında iyi bir kitaplığı vardı. Eh, İzmir'in zengin bir ailesine de bağlı idi. Yani benim gözümde kusursuz bir genç kızdı...

Köşkün iyi bir aşçısı da vardı. Öylesine güzel yemekler yapıyordu ki, bizim gibi savaş yoksunluğundan çıkmış insanların daha iyisini tasarlamaları bile mümkün değildi.

Zaten aşçının bu marifeti, ilk akşam belli oldu. Terasta kurulmuş olan sofraya Fevzi ve İsmet Paşalardan başka Beni, Muzaffer'i ve ev sahibimiz Latife Hanım'ı da aldı.

Fevzi Paşa hazretlerinden başka herkes, önündeki kadehleri zevkle doldurdu. Mezeler çeşitli ve nefisti. Fevzi Paşa, içki içmediği halde kalamar tavadan, tabağına öbek öbek alıyor, "Canım, bu İzmir'in kalamarı da bir başka oluyor, aman pek özlemişim." diye afiyetle yiyordu. Velhasıl herkes, son kertesine kadar sofradan ve başlayan geceden memnundu...

Bu sırada Ruşen Eşref, İstanbul'dan gazeteci arkadaşlarının geldiğini Mustafa Kemal Paşa'ya haber verdi. Asım (Us), Falih Rıfkı (Atay), Yakup Kadri (Karaosmanoğlu) de sofraya buyur edildi. Yeni konuklar gelince, Latife Hanım kalkıp mutfağa gitmek ihtiyacını duymuş olacak ki, yerinden kalkmak istedi. Bu hareketi fark eden Mustafa Kemal Paşa:

- Yerinize oturun küçük hanım, dedi. Artık köşkün sahibi siz değilsiniz, benim. Konukların ağırlanması işi de benim işimdir.

Bana döndü:

- Salih, git mutfağa bak bakalım. Aşçıbaşının bir istediği var mı?

- Başüstüne efendim.

Latife Hanım, gelincik gibi kızarmış, ışık kesilmiş gözlerle Mustafa Kemal Paşa'ya bakıyordu...

Yemek bitti, konuklar çekildiler. Mustafa Kemal Paşa ile Latife Hanım bir başlarına kaldılar. Paşa, terastan görünen İzmir'i ve İtilaf gemilerinin çoktan terk ettiği körfezi seyrediyordu. Yangın karanlığa dökülmüş kırmızı bir mürekkep gibi her an şehre biraz daha yayılıyordu.

Paşa, Latife'ye bakmadan konuştu:

- İzmir'e girdiğimiz zaman Ruşen Eşref'e: "Bu güzel şehri kurtarırken ona bir zarar verseydik, çok yanardım." demiştim. Ama bu akşam görüyorum ki bu güzel şehir gözlerimizin önünde çatır çatır yanıyor, hem de elimize geçtikten sonra!..

Paşa'nın sesi duraksadı, sonra yüzünü Latife Hanım'dan yana çevirerek:

- Yazık ki, bu yanan evlerden birkaçı da sizin...Öyle değil mi Latife Hanım.

Sanki, patlama derecesine gelmiş bir buhar kazanı imiş de emniyet sübabı açılmış gibi, ciğerlerini boşaltan bir sesle karşılık verdi:

- Neyimiz var, neyimiz yoksa isterse yansın Paşam!.. Bütün İzmir yansın!.. Karış karış yansın isterse. Başımızda al bayrağımız çarpıyor ya! Kurtulduk ya düşmandan! Sizin buyruğunuzda yeni bir İzmir yaratırız! Yeter ki siz başımızda olun. Yeter ki size bir şey olmasın.

- Demek bu kadar seviyorsun al bayrağımızı Latife? Demek bana bu kadar güveniyorsun?

Latife, dolu dolu konuştu:

- Ben kim oluyorum da "size güvenim" söz konusu oluyor!.. Siz yalnız Türk Milletinin değil, bütün ezilmiş milletlerin umudusunuz! Bütün insanlık güveniyor size... Gecelerce, sizin durduğunuz yerde durur, körfezi dolduran yaban gemilerine bakar, ağlardım. "Gel Mustafa Kemal Paşa, derim; gel Mustafa Kemal Paşa da kov şu insanlık leşlerini sularımızdan! Gel de batır şu yüzen zulmü! Al bayrağımız Kadifekale'de al çiçek gibi açsın... Sonra isterse öleyim!.."

Latife son sözlerini hıçkırıkla tamamladı. Mustafa Kemal Paşa duygulandı:

- Çocuuk... Bak bu olmadı!.. Bu kadar müzik bize yeter. Birer içki doldur da evinizdeki ilk geceyi kutlayalım...

Latife, ellerinin tersiyle gözlerini silerek hemen büfeye koştu. Biraz sonra iki içki bardağı ile geri dönmüştü. Birini Mustafa Kemal Paşa'ya uzattı. Paşa, Latife'nin bardağına dokunarak:

Latife Hanım

- Hadi, çin çin... dedi, sonra içkisinden bir yudum alıp ekledi:

- Sen Latife değil Latif'sin çocuk... Bundan böyle sana Latif diyeceğim...

Bir an aklımdan geçti. Ne kadar da yakışıyorlardı birbirlerine... Sevseler de evlenseler ne kadar da iyi olurdu...

Sonra birden aklıma, incecik endamı, kapkara derin gözleriyle Fikriye geldi... Cız etti yüreğim... Ama yine de başka çare yoktu. Mustafa Kemal Paşa, kırk yıl bir kazanda kaynasa Fikriye ile evlenemezdi. Çünkü onun için Fikriye ile evlenmek annesinden ve kardeşinden olmak demekti!. Paşa, ne annesini ne de kardeşini gücendirmeyi göze alabilirdi!.. Öyleyse Paşa evlenecekse, işte şu okumuş, aklı başında, iyi bir ailenin kızı olan Latife Hanım'la evlenmeliydi! Kısmetse olur inşallah!..

"İkisine de yazık olur..."

Uşakizadelerin köşkünde üç hafta kadar kaldık. Bu üç hafta içinde, Mustafa Kemal Paşa bakımından büyücek bir ilerleme pek görülmedi.

Daha ilk gece, Latife Hanım'ın yanan İzmir karşısında açtığı duyguları, Paşa'yı memnun etmiş, bu memnuniyet son geceye kadar eksilmeden –belki de artmadan– sürmüştür.

Yalnız İsmet Paşa, Fevzi Paşa, Kâzım Karabekir Paşa, Nurettin Paşa, Rafet Paşa, gazeteciler ve İzmir'in ileri gelenlerinin katıldıkları bir akşam yemeğinde hemen, hemen bütün sofradakiler, Latife Hanım'la Mustafa Kemal Paşa'nın sofra ile ilgilenmelerini gördükleri zaman, benim gibi düşündüler ve belki herkes içinden "Şu birbirine yakışan iki insan evlenseler" diye aklından geçirdi. Bu düşünce, sofradaki insanların adeta gözlerinden okunuyordu.

Nitekim, sofrada tam benim karşımda oturan Fevzi Paşa ile İsmet Paşa, Mustafa Kemal Paşa ile Latife Hanım'ı bir süre süzdükten sonra birbirlerine baktılar ve Fevzi Paşa, İsmet Paşa'ya:

- Hayırlı ise olsun!.. dedi.

Bu dilekte birleşmeyen hiçbir insana rastlamadım desem yalan söylemiş olmam... Sadece, evlenme işi ciddileşmeye başlayıp, Mustafa Kemal Paşa annesini İzmir'e gönderdiği sıralarda, İzmir'e gelen Fethi (Okyar) Bey, Latife Hanım'ı gördükten sonra bana:

- Mustafa Kemal Paşa bu kızla evlenecek mi? diye sordu.

- Bilmiyorum, dedim; ama hayırlı ise olsun, diye düşünüyorum...

Fethi Bey, başını yere eğip bir süre düşündükten sonra:

- Kim bilir, belki de senin söylediğin doğrudur. Fakat bana öyle geliyor ki, bu kızcağız, Mustafa Kemal Paşa gibi hareketli bir insana ayak uyduramaz, korkarım ki ikisine de yazık olur...

Doğrusu o günlerde Fethi Bey'in neden böyle düşündüğünü anlayamamıştım. "Latife'nin Mustafa Kemal Paşa'ya ayak uyduramayacağını" nerden çıkarıyor... Herkes birbirlerine yakıştırırken Fethi Bey'in mizaç farkı sezmesi, anlaşılması kolay bir iş değildi...

"Sen nerden çıktın?.."

"Üç hafta içinde köşkte hiçbir şey değişmedi." dedim ama, yine de değişen bazı şeyler vardı!.

Latife, görevimin bir bölümünü – hemen fark ettirmeden– elimden almış ve kendisi yapmaya başlamıştı!. Köşkte en geç yatan o, en erken kalkan yine o idi.

Avrupa gazetelerine abone olmuştu. İstanbul gazeteleri ile birlikte gelen Avrupa gazetelerini Latife Hanım alıyor, hepsini büyük bir dikkatle gözden geçiriyor ve gerekli bazı haberleri işaretledikten sonra Mustafa Kemal Paşa uyandıktan sonra "sabah kahvesi" ile birlikte odasına giriyordu.

Bir yandan Paşa, ağır ağır kahvesini yudumlarken, Latife yerli ve yabancı gazetelerin o günkü haberlerini özetliyor, yorumları anlatıyor, kendisine ait yazılan yazıların da küpürlerini çıkarıp Paşa'ya gösteriyordu.

Paşa, buna kısa bir zamanda alıştı ve bu işin tiryakisi oldu.

Bir sabah Mustafa Kemal Paşa erken uyanmış ve kahvesini istemişti. Vakit çok erkendi ve Latife Hanım uyuyordu. Kahvesini ben götürdüm; içeriye girişimi hayretle seyrettikten sonra:

- Sen nerden çıktın?.. Latif nerde?.. dedi.

Doğrusu bu sözlerine biraz alınmadım diyemem!.. Bunca yıl kendisine hizmet ettikten sonra bir sabah, sanki hayatında ilk defa kahvesini benim elimden alıyormuş gibi "Sen nerden çıktın?" demesi, oldukça gücüme gitmişti. Kendisine şöyle cevap verdim:

- Erken uyandınız Paşam. Latife Hanım kalkmamıştı. Bu sebeple kahvenizi ben getirdim...

Paşa, alındığımın bile farkına varmadan:

- Hemen kaldırın, gazeteleri alsın, gelsin!..

- Emredersiniz!..

Doğrusu o gün Paşa'ya biraz burulmuştum!..

Nitekim ilerde Latife Hanım'la evlenince, bir sabah Paşa'ya gelen telgrafı ulaştırmak için yatak odası kapısını vurduğum zaman, kırgınlığım daha da büyük olmuştu! Çünkü kapıya Latife Hanım çıkmış, telgrafı elimden almış ve beni kapıdan savmıştı. Ben yıllar yılı, Mustafa Kemal Paşa'yı uyandırmak ve önemli bir haberi kendisine verebilmek ayrıcalığını bir başıma taşıyordum. Şimdi bir kadın çıkıyor ve Benim bu ayrıcalığımı elimden alıyordu!..

Tabii, alışkanlıklarımı bozduğu için bu olayları anlattım.

Yoksa Mustafa Kemal Paşa ile Latife'nin evlenmesi konusuna en içten koşturan insan ben olmuşumdur...

"İzmir'de kalırsa havasızlıktan ölürmüş!.."

İzmir'den ayrılacağımızdan bir gece önce idi; Yine sabah kahvesini Latife Hanım odasına götürdü ve gazetelerin verdikleri haberleri özetledi. Paşa giyinip çıkarken, o akşam bazı kimseleri yemeğe çağırmayı düşünüyorsa, bana adlarını yazdırırdı. Mavi pelerinini savurarak kapıdan çıkarken yüzüne baktım:

- Bu akşam sofrada kimse bulunmayacak Latif'le yemeği baş başa yiyeceğiz, dedi.

Sevindim. Demek işler ilerliyordu!.

O akşam ben de kendime izin verip köşke geç döndüm. Holdeki koltuklarda bir şeyler konuştuklarını görünce, sezdirmeden usulca odama girdim ve hemen uyudum. Fakat Paşa, çok erken kalkmıştı. Kahvesini istedi. Ben Latife'yi uyandırmayı tasarlarken, sanki yapacağımı fark etmiş gibi:

- Kızı uyandırma, dedi; akşam geç yattı uykusunu almamıştır!..

Öyle yaptım. Giyindi ve sokağa çıktık. Doğru, Fevzi Paşa'nın karargâhına gittik. Fevzi Paşa, sabah namazını kılmış Kur'an okuyordu. Bizi görünce mushafı kapayıp ayağa kalktı. Hemen çalışmaya başladılar. Yarın İzmir'den ayrılacağımız için şehirde yapılacak işler vardı; ben de bu işlerin peşine düştüm. İşlerimi akşama kadar zor bitirdim. Yatsı zamanı köşke geldim, dosyaları toplamaya, yol hazırlıkları yapmaya başladım. Bu sırada içeriye Latife Hanım girdi:

- Ne oluyor Salih Bey, dedi; bir hazırlık görüyorum. Bir arkadaşınız yukarda Paşa'nın esvaplarını topluyor...

- Evet, haberiniz yok mu? Yarın sabah Bursa'ya gidiyoruz...

- Yarın sabah mı, Bursa'ya mı?..

O kadar şaşmış göründü ki ben ne diyeceğimi bilemedim. Dün gece ne olup bittiğini bilmiyordum. Paşa'nın Bursa'ya gideceğini söylememesi tuhaftı.

- Evet, yarın sabah... Bursa'ya! Erkenden!.. dedim.

Latife'nin yüzü safran rengini bağladı. Gözlerinin ta içine kadar titrediğini görüyordum. Yüzü, zıt duygu ve düşüncelere düşmüş gibi karman çormandı; güç bela konuşabildi:

- Fakat o kadar ansızın oldu ki şaşırdım... İzmir, Paşamızın yüzünü bile görmedi! Ne kadar üzüleceğiz!..

Bir serçe telaşı içinde ne yapacağını, ne söyleyeceğini bilemiyordu. Birkaç kez yutkunduktan sonra sorabildi:

- Ne zaman karar verildi bu geziye Salih Bey?..

- Birkaç günden beri biliniyordu. Sizin haberiniz var sanıyordum...

- Hayır, yoktu!..

Geziden habersizliğini, tuzağa düşürülmüş bir insanın sesi ile söylemişti. Ben, farkına varmamış görünmeye özen göstererek:

- Akşam, Paşa hazretleri bir şey söylemediler mi?.. dedim.

Sanki, boynu vurulacakmış gibi boğuk konuştu:

- Hayır!..

- Üzülmenizi istememişlerdir!..

- Sabahleyin de erken çıkmışsınız...

- Evet... Fevzi Paşa hazretlerinin karargâhına gittik. İşlerden göz açacak vakit yok...

Sesine manalı bir sitem doldurarak:

- Beni uyandırmadınız!.. dedi.

Olabildiği kadar şefkatle, karşılık verdim:

- Paşa hazretleri geç yattığınızı söylediler ve dinlenebilmeniz için uyandırılmamanızı istediler.

- Acaba akşam sofrası kaç kişilik hazırlanacak?..

- Akşam sofrası mı?.. Hayır! Akşama yemek yok... Fevzi Paşa hazretlerinin karargâhında kalacaklar; yatmak için köşke geç vakit gelirler sanıyorum... Herhalde geç kalmazlar; yarın sabah yolculuk olduğuna göre...

Latife, bundan sonra bir tek kelime bile konuşmadan başı önde, omuzları düşmüş, ağır ağır odadan çıktı.

Paşa'nın gidişinin, onu bu kadar yıkacağını hiç ummuyordum...

Acaba dün akşam aralarında ne geçmişti ki, Paşa sabahleyin Latife'yi uyandırtmadı ve son akşam yemeğini kendisiyle yemedi?.. Bu merakımı neden sonra giderebilecek ve o gecenin oldu bittisini Paşa'nın ağzından dinleyecektim:

- Dünya değişiyor iyice... Eskiden erkekler, kadınlara aşklarını söylemekten sıkılırlardı; şimdi maşallah kızlar erkeklere rahatça sevdalarını söyleyebiliyorlar! O akşam, yedik içtik, konuştuk... Sonunda Latif, bana tutulduğunu söyledi. Onu buralarda bırakmamalıymışım!.. Ankara'ya götürüp orada kendisine bir iş vermeli ve hep çevremde bulunmasını sağlamalıymışım!.. İzmir'de kalırsa havasızlıktan ölürmüş!.. Daha bir sürü şey... Kendisine bunların mümkün olmadığını söyledim. Çok üzüldü...

Paşa'nın böyle kaba taslak özetlediği gecede kim bilir daha neler olmuştu!.. Latife Hanım, elbette ertesi gün benim odamda boşuna yakınmamıştı!.. Bütün bu konuşmaların üstüne, romantik bir gece, kazanılmış taze bir zafer ve vurgun bir genç kız yüreği eklemek gerektir... Mustafa Kemal Paşa'nın Latife Hanım'a "Latif" demesine rağmen, hâlâ bir genç kız olarak kendisini pek ciddiye almadığını sanıyorum. Doğrusu bu düşünce bana üzüntü veriyor...

"Burada kalın... Bekleyin!.."

Ertesi sabah "Beyaz Köşk" çok erken saatte uyandı. Paşalar, milletvekilleri, İzmir'in ileri gelenleri ile gazeteciler alt salonu erkenden doldurdular. Kimi uğurlayacak, kimi Mustafa Kemal Paşa ile yola çıkacaktı. Fesler ve kalpaklar karmakarışık olmuş, salonu dolduruyorlardı. Paşa'ya her şeyin hazır olduğunu bildirmek için yukarıya çıktığım zaman, Latife Hanım ile Mustafa Kemal Paşa'nın konuşmakta olduklarını duyunca duraladım.

Latife Hanım'ın sesi:

- Gidiyorsunuz?.. dedi.

Paşa:

- Evet, dedi; dün akşam sana söylemeyi unuttum. Bursa'ya gidiyorum. Oradan da Ankara'ya geçeceğim...

Bir sessizlik oldu. Latife'nin sesi kırık, küskün konuştu:

- Sizi yol boyu öyle merak edeceğim ki!.. Ankara'ya dönüşünüzde de bu merakım hiç eksilmeyecek sanırım... Alıştım size Paşam!.. N'olur, Ankara'ya gelmeme izin verseniz!..

- Hayır!.. Burada kalın... Bekleyin!..

- Öyleyse size mektup yazarım... Cevap verirsiniz, Latif'inizi ihya edersiniz değil mi?..

- Mektup istemez... Telgraf yeterlidir!..

- Hiç değilse, bu evde bir nişan, bu evle, İzmir'le ilginizin kesilmediğini belirten bir işaret bırakmaz mısınız?.. Karargâhınıza bir iki er ayırsanız, ihya edersiniz beni...

- Eğer bir iki erin köşkte kalması sizi hoşnut edecekse, hay hay, bunu yaparım... Şimdi, size teşekkür edip ayrılmalıyım. Evinizde bana huzur verdiniz, teşekkür ederim!..

Üzerinde Mareşal üniforması, mavi pelerinini savurarak merdivenlere yönelince karşı karşıya geldik.

Bana:

- Buraya birkaç muhafız er bırakın. Hanımefendiye güvenlik sağlasınlar!..

- Başüstüne Komutanım!..

Baktım, merdiven başında Latife Hanım'ın gözlerinden taşan iki damla yaş, yanaklarından sessiz sedasız yuvarlanıyordu.

Türk Milleti...

Türkiye, İzmir zaferinin sarhoşu idi...

Ege ve Marmara, Yunan boyunduruğu altına düştüğü için, bu kurtuluş havasında daha bir diri vuruyordu nabzı!.. Silinmiş süpürülmüş, yakılmış yıkılmış, sömürülmüş tüketilmişti ama; gavurun çizmeleri gitmişti ya ülkesinden, sevincinden horon tepiyordu artık!..

Tükenmiş kollara güç, yıpranmış gırtlaklara şevk dolmuş, oynuyor, türkü söylüyor, Mustafa Kemal Paşa'ya dua ediyordu...

- Allah ne muradın varsa versin Mustafa Kemal Paşam!..

- Sen bize kurtarılmış bayrak verdin, biz sana can versek azdır Paşam!..

- Bu millet, Mustafa Kemal Paşa'ya kıyamete kadar borçludur!..

Böyle bağırıyorlardı yol boyu...

Böyle bağırıyorlar, dua ediyorlar, övünüyorlardı...

Barut kokusu sinmiş elbiselerimiz, Ankara'ya gidene kadar, tuzlu gözyaşlarıyla yıkandı!

Hey, hikmetine kurban olduğumun; kahrederken de ağlatırsın, var ederken de!.. Yemeği, tuz adam eder de, insanı başka bir şey mi adam yapar?.. Bütün insanlığımız tuzdan yaratılmış besbelli!.. Düşmanla pençe pençe biz dövüştük ama, ne yaptığımızı, dövüşmeyenlerin gözyaşlarından öğrendik!..

Meğer ne mübarek milletmiş Türk Milleti!..

"Paşacığımın yüreğine girivermiştir!.."

Tarihlerin yazdığından kaçmak, herkesin pek bilmediği konulara girmek için, yine Mustafa Kemal Paşa'nın özel hayatına geçiyorum.

Ankara'ya gelişimiz herkesten çok Fikriye'yi sevindirdi. Çünkü Fikriye, gazetelerden, Mustafa Kemal Paşa'nın İzmir'de Latife Hanım adlı bir kızın evinde konuk edildiğini okumuştu. Bir gün, iki gün değil tam üç hafta bu zengin kızın evinde Paşa'sı yerleşip kalınca, iyice kuşkuya düşmüş ve kendisini unutabileceğini düşünerek, İzmir'e haberler salmaya başlamıştı:

Bir iki günlüğüne gelse olur muydu?..

Mustafa Kemal Paşa ne zaman gelecekti?..

Paşa'yı annesi çok özlemişti...

Dönüş günü belli miydi?...

Bütün kadınsı oyunları uygun biçimde karşılayarak, yakında yola çıkacağı mazereti ile avutup götürdüm. Ankara'ya gelince, beni gizliden saklıdan sorguya çekmeye başladı:

- Bu Latife Hanım nasıl bir kız? Güzel mi? Zengin mi? Paşa onu sevdi şımarttı mı, yoksa horlayıp attı mı?..

Daha neler soruyordu!..

Ben kızmadan, Fikriye Hanım'ı üzmeden, hep hoşuna giden şeyleri söyledikçe, zavallı Fikriye bana nasıl teşekkür edeceğini bilemiyor, Paşasının ve benim ömrüme dua edip edip ellerimi öpmeye davranıyordu!..

Ankara'ya gelişimizin haftasında bir sabah Paşa, kahvesini içerken bana:

- Fikriye sorununu artık çözmenin sırası geldi, dedi. Biliyorsun, kız hasta... Ciğerlerini tedavi ettirmek gerekli... Hele Ankara'nın sert havası, hiç de hastalığına uygun değil... Fakat bunu bir türlü kabul etmiyor. Önce hastalığını inkar ediyor, sonra da Ankara'nın havasının kendisine iyi gelmediğini kesinlikle benimsemiyor... Seninle arası iyidir. Sen bir konuş, biraz bu fikre alıştır bakalım... Belki Avrupa'da bir sanatoryuma ya da pravantoryuma göndermeye razı edebiliriz...

Fakat Fikriye, bu konuda tetikte yaşıyordu!

Hastalığından, bakımından söz açılınca, el değmiş küstümotu gibi davranıyor, ağız dil vermiyordu:

- Hiçbir şeyim yok!.. Turp gibiyim. Düşmanların iftirası bu hastalık sözü! Paşamdan beni kıskandıkları için, onu benden soğutmak umuduyla hasta falan diyorlar!..

Ben; kızmadan, kendisine hak vererek, fakat hastalık ihtimalini gözden uzak tutmamak gerektiğini akıldan çıkarmadan, sürekli telkin altında bulunduruyordum.

Ancak, Paşa'nın İzmir dönüşü, Fikriye Hanım'a karşı biraz çekingen ve uzak davranışı, Fikriye'yi iyice kuşkulandırmıştı. Zaman zaman benim ağzımı arıyordu.

- Bir resmini gördüm... Genç ve güzel bir kadın!.. Zengin ve soylu bir ailenin kızıymış... Benden yaşça küçük. Sonra kahır çekmemiş, ezilmemiş, hayatın elinde hırpalanmamış, belli... Kim bilir belki de Paşacığımın yüreğine girivermiştir!..

Kıskançlık makasına düşen Fikriye, bütün çalışmalarımı bir anda yok ediveriyordu. Durmadan anlatıyordum: "Bu Uşakizade kız, kendini beğenmişin biri... Mustafa Kemal Paşa hiç kendini beğenmiş birini sevebilir mi?.. Yüz vermedi bile... Çevresinde bulunmasına, ev sahibi olduğu için müsaade etti, hepsi o kadar!.." Daha neler anlatıyordum...

Fikriye bunları dinliyor, dinliyor, bana hak veriyor; Paşasının kendini beğenmiş, şımarık bir kıza itibar etmeyeceğini benimle birlikte tekrarlıyor; fakat yaşadığı kuşkuyu bir türlü yüreğinden çekip çıkaramıyordu!..

"Evlenmek için ideal bir portre..."

Ben, Fikriye Hanım'la uğraşadurayım, öte taraftan Mustafa Kemal Paşa'da yangın bacayı sarmıştı! Her akşam sofrada bir yerini getiriyor, ve Latife Hanım'dan söz açıyordu: Ne kadar kibar bir kızdı. Sonra ne kadar da bilgiliydi. Avrupa gazetelerinden öyle özetler yapıyor, önemliyi önemsizden öyle bir özenle ayırıyordu ki; bunu şimdiye dek hiç kimse bu ölçüde başaramamıştı!.. Vatanseverdi! Cesurdu! Memleketi için göze almayacağı yoktu!.. Ve daha neler neler...

Bu konuşmalar yalnız benim, Kılıç Ali'nin, Recep Zühtü'nün, Nuri Conker'in bulunduğu sofralarda değil; Başvekil Rauf Bey'in, İsmet ve Fevzi Paşaların, ileri gelen milletvekillerinin bulundukları sofralarda da aynı içtenlikle açılıyor ve konuşuluyordu. Bir gün İsmet Paşa ile Yusuf Kemal Tengirşek'ten başka kimsenin bulunmadığı (tabii Recep Zühtü, Kılıç Ali, Nuri Conker de vardı) Bir sofrada kararlı bir sesle şunları söyledi:

"Memlekette yapacak çok işimiz var!.. Toplumumuz, bugünkü yapısı ile yüzde elli randıman veriyor; çünkü kadını üretimden çekmişiz, onu sadece çocuk doğuran, sökük diken, yemek pişiren yaratık haline koymuşuz!

"Elbette son derece yanlış!..

"Kadını, erkekle eşit haklara kavuşturmak ve üretimde kendisinden –tıpkı erkek gibi– yararlanmak gerekir. Bunu yapmadıkça batı milletlerinin hizasına gelmemiz söz konusu olamaz.

"Bu işlerde kim ön ayak olacak topluma: BİZ!.. Nasıl ön ayak olacağız?.. Başkasının karısında uygulamasını istediğimiz şeyleri, biz önce kendi karımızda uygulayacağız!

"Kadının yüzü mü açılacak; önce kendi eşlerimizin yüzleri açılacak ki, vatandaştan bu uygarlığı istemekte haklı olabilelim!..

"Kendi karımız bir yerde çalışmıyor, üretime katılmıyorsa, başkasının karısının çalışmasını ve üretime katılmasını istemek haksızlık olur! Evli değilsek, bu isteklerimiz karşısında vatandaşlar, haklı olarak 'Bekâra karı boşamak kolaydır' deyip önerilerimize kulak asmayabilirler!.. görüyorum ki, aranızda bir ben bekârım. Ben, hepinizin başında olduğuma göre, örnek benden gelişmelidir!..

"Onun için evleneceğim!.. Vatandaştan ne yapmasını istiyorsam, önce bunu ben yapacağım, karım yapacak!.."

Bu özgün konuşmadan sonra birer birer yüzümüze baktı ve sordu:

- Latife Hanım hakkında ne düşünüyorsunuz?..

Gözlerini Yusuf Kemal'in yüzüne dikti. "Sen söyle bakalım" der gibi bakıyordu. Yusuf Kemal, sözlerini ölçüp tartarak yavaş yavaş konuşmaya başladı:

- Biliyorsunuz Paşam, ben henüz bu küçük hanımefendiyi görmek şerefine erişemedim. Bu nedenle kişiliği hakkında bir şey söyleyemem!.. Ancak, biraz önce buyurduğunuz ve bizi gerçekten aydınlatan fikirlerinize hayran kaldığımı içtenlikle söylemeliyim. Bir toplumun yöneticisi, toplumdan beklediklerini kendisi topluma vermezse, kesinlikle başarısızlığa uğraması doğaldır. Kadınlarımızı, uygar Batı toplumlarındaki fonksiyonlara kavuşturmamız farzdır...

Mustafa Kemal Paşa, bu kez gözlerini İsmet Paşa'ya çevirdi:

- Ben her bakımdan Latife Hanım'dan yanayım. Bunu daha önce de size birçok kez açıkladım. Birincisi, Latife Hanım, kültürlü bir kadın. Sadece kolej okumuş, bitirmiş değil, çağımızın önemli kitaplarını okumuş, anlamış bir genç kızımız. Dünyayı ve memleketimizi tanıyor. Bildiği yabancı diller, gelecek yıllarda daha da gelişecek diplomatik münasebetlerimizde Paşamıza daha da yararlı olacak!.. İzmir'in soylu ve zengin bir ailesinin kızı... Görebildiğim kadar, size de tapıyor Paşam!.. Güzel, seven, bilgili, soylu bir genç kız için, bilmemki başka ne söylenebilir?..

Hepimiz sıra ile düşüncelerimizi özetledik. Hiçbirimizin sözünü kesmeden sonuna kadar dikkatle dinledi ve sonra şunları söyledi:

- Görüyorum ki, bilgi, soy ve güzellik üzerine hepiniz birleşmişsiniz. Ben, Latife'yi fazla güzel bulmadığım için, kendisiyle evlenmeyi düşünüyorum. Bir ressamın portresinde bile bir anlam, bir derinlik varsa onu tutuyoruz. Latife'de bir anlam, bir derinlik sezmekteyim. Eğer sonradan değişmezse –bugünkü çerçeve içinde– evlenme için ideal bir portre...

Sonra bana dönüp konuştu:

- Sen ilgileniyor musun?.. Telefon etti mi, bir bağlantınız var mı?..

- Paşam, İzmir dönüşü Ankara'dan bir telgraf çekmiştim. Biliyorsunuz, telgrafımıza bir teşekkür telgrafıyla karşılık vermişti...

- Daha sık bir ilişki kur. Seninle yarın bu konuda görüşeceğim.

"Büyük yerden gelen suskunluğa saygı gerek..."

Görülüyor ki Mustafa Kemal Paşa, Latife'yi sadece bir eş olarak değil, bir toplum aracı olarak da görmekteydi. Yapmayı düşündüğü devrimlerde Latife'yi kullanacak ve böylece daha kolay sonuç alabilecekti. Bu konuda baş sorun, Fikriye idi. Fikriye bir türlü sanatoryum ya da pravantoryuma gitmeye razı olmamıştı. Onu kandırmadan da bir girişimde bulunmanın olasılığı yoktu.

Ertesi günü Latife Hanım'dan bir mektup aldım:

Sayın Salih Beyefendi;

İyilik ve bağlılığınızın ezikliği içindeyim. Kazasız belasız Ankara'ya ulaştığınızı bildiren telgrafınızla beni ne ölçüde mutlu ettiğinizi, mutlu ettiğinizi tasarlayabilseydiniz, bir iki sözcük daha ekleyebilirdiniz her halde... Bugüne kadar bütün arkadaşların susuşlarını, uğraşlarının yoğunluğuna veriyor, böylece avunuyordum. Aslında ayrılışınızdan bu yana, bu bahtlı yuvayı süslemekle, sayın ve kutsal konuğumuzun güzelliği seven gözlerini okşayacak ufak tefek düzenlemeler ve dayayıp döşemelerle uğraşıp durdum. Sürekli olarak gözlerim yolda, sizi bekliyordu. Görüyorsunuz ki düşsel dünyada ayrılmamıştık.

Burada eski görkem yok! Fakat Başkomutanlık boş olmakla beraber, onuru korunmaktadır. Sadece içinde, karalar giyinmiş üzgün ve kederli biri var. Bunca içtenlik ve alışkanlıktan sonra tek başına, yaşamın kara sayfalarını açmaya ve birçok çirkinlikler tasarlayarak derin bir üzüntü ile ezilmeye hüküm giymiş bir ben varım.

Paşa hazretlerine birçok mektup yazdığım halde, savunmaya

cesaret edemedim. "Mektup istemem, telgraf yeterlidir." buyurmuşlardı. Oysa son telgrafıma da karşılık alamayınca, bir daha tedirgin etmekten vazgeçtim.

Büyük yerden gelen suskunluğa saygı gerek... Ben de yalnız size karşılık vermekle yetiniyorum. Sizin burada bıraktığınız anılar pek değerlidir. İnanıyorum ki, Paşa hazretlerine karşı taşıdığım temiz ve sonsuz bağlılığı hiç kimse, Bay Başyaver kadar doğru değerlendirmemiştir. Siz, beni boynu bükük bırakmayın! Hiç değilse birkaç sözcükle, sağlıkları hakkında bilgi verin, olmaz mı Salih Bey?..

Gazeteleri düzenli olarak izliyorum da aldığım bilgilerle yetinemiyorum, deli gibiyim!.. İşte bazen (insana) pek mutlu günler yaşatanlar, sonradan tersini yaşamaktan hoşlanırlar... Paşa hazretleri de ricalarıma, yalvarmalarıma karşın, Ankara'da küçük bir göreve olsun atayarak beni beraberlerinde bulundurmak istememişlerdi. Yalnız bir gece, denizlere benzeyen sonsuz ve tehlikeli gözlerini bana dikerek: "Bir yere gitmeyin! Beni bekleyin! Bunu emrediyorum!" demişlerdi. Bu tümceyi anımsadıkça, "belki bir daha kavuşurum" diyor ve içim ışıyarak yeni bir mutluluğu bekliyorum.

Eğer bu satırlara gülüyorsanız, doğru değil!.. Çünkü, sürekli olarak gün ışığında yaşayanlar, uzun bir karanlığın ne müthiş bir uçurum olduğunu bilmezler...

Bu akşam, bizim muhafızları bahçeye çağırdım. Güzel güzel oyunlar döktürdüler. Ben de kendilerini ağırlamaya çalıştım. Tabii, memnun oldular. Hepsi de hatırımı sayıyor. Paşa hazretlerine ne kadar teşekkür etsem azdır. Buraya "Başkomutanlık Bürosu" adını vermekle benim keder ve üzüntülerimi –bir ölçü de olsun– hafiflettiklerine inanmalarını isterim. Zavallı babam, son mektubunda: "Fakirhaneme bir levha asaca-

ğım ve bütün Müslümanların görmeye can attıkları bir yer olacak" diyor. Daha birçok sözleri var. Fakat başınızı fazla ağrıtmak istemiyorum. Paşa hazretlerine, en büyük saygı ve içtenlikle iki elini öptüğümü ve her zaman buyruklarını yapmaya hazır olduğumu söyler misiniz?.. Beni unutmadığınız için, saygı ve teşekkürlerimi sunarım efendim.

19 Ekim 1922
Uşakizade
Latife

Mektup, yangının çift bacayı tutuşturduğunu gösteriyordu. Mustafa Kemal Paşa, akşam sofrasında Latife Hanım için uzun konuşmalar yapıyor, İzmir'de Latife Hanım, Mustafa Kemal Paşa'dan yeteri kadar haber alamadığı tedirginliği ile mektuplar döşüyor... Benim İzmir'deki niyetim gerçekleşeceğe benziyor!..

Paşa'ya mektubu gösterdim. Çok memnun oldu. Kendisi de bu sabah Fikriye ile bir kez daha görüşmüş... "Bana öyle geliyor ki, bu kez, 'evet' diyeceğe benziyor." dedi. "Eğer bu akşam sağlam bir sonuç alırsam, Bursa'ya yapacağımız geziye, Latife'yi de çağırırız."

"İşler yine karıştı Salih!.."

Her şey, umulduğundan daha hızlı yürüyordu. Ben de tempoyu hızlandırdım. Hemen o gün İzmir'de Latife Hanım'ı telefonla bulup, Paşa hazretleri adına hatırlarını sordum. Hasta olduğunu bildirdiği halde sesi, sevincinden uçuyordu adeta... Teşekkür teşekkür üstüne ediyor, Paşa'yı soruyor, ellerinden öptüğünü yineliyor; velhasıl dünyanın her yanında çiçeklerin kendisi için açılmışçasına duyduğu mutluluğu sözcüklere taşa döke sığdırmaya çalışıyordu.

Şu güzel rastlantıya bakın ki, Fikriye de o akşam Paşasına, Almanya'daki o pravatoryuma gitmeye razı olduğunu söylemesin mi?.. Artık çifte bayramlar yapıyorduk!..

Paşa bana:

- Sen Latif'e bir telgraf çek ve yarın Bursa'da bulunmak üzere İzmir'den hareket etmesini söyle... Bir de yine Latif'e benim adımla bir telgraf çek ve bu telde "Hastalığından dolayı geçmiş olsun." dediğimi belirt...

- Sabahın ilk saatlerinde telgrafı çekmiş, yol hazırlıklarına başlamıştım ki, Paşa çağırdı:

- İşler yine karıştı Salih, dedi. Az önce Fikriye geldi. Benim Bursa'ya gideceğimi öğrenmiş "Ben de sizinle Bursa'ya gelmek istiyorum... Halkın size olan sevgisini gözlerimle görmek isterim." dedi. Bursa'dan sonra Ankara'ya dönmeyecek, İstanbul'a geçecek, bazı işlerini gördükten sonra, oradan doğruca Paris'e gidecekmiş. Paris hikâyesini dün akşam kafasına ben koydum. "Bu güzel şehirde birkaç gün geçir, oradan dinleneceğin pravatoryuma gidersin." dedim.

- Ben, İzmir'e telgrafları çektim. Latife Hanım da Bursa'ya geliyor!..

- Sen Latife'nin Bursa'ya gelmesini engelle... Gezi geride kaldı de, başka gün yapılacak de, Paşa rahatsızlandı de... Ne dersen de de yalnız Latif Bursa'ya gelmesin!.. Hadi, durma!..

Şu başıma gelenlere bakın!..

Latife Hanım'a ne diyecektim!..

Daha bu sabah anlı şanlı telgrafları çekmiş, kızı Bursa'ya çağırmıştık... Birkaç saat sonra "Sen Bursa'ya gelme..." denir mi?.. Gözden çıkardığımız biri olsa, denir elbet... Ama Latife, yarın belki Mustafa Kemal Paşa'nın karısı olacaktı. Böyle bir insana yalan söylemek iyice sakıncalıydı!..

Sonunda, düşüne taşına şuna karar verdim: Latife Hanım'a Bursa gezisinin ertelendiğini, bu nedenle hareketini geri bırakmasını bir telgrafla bildirdim. Arkasından, İzmir Valisi Abdülhalik (Renda) Bey'i telefonla bulacak, özel bir nedenle böyle bir telgraf çektiğimi, buna inanmasını sağlamak için de, kendisinin telgrafa ekli bir mektup yazarak, Mustafa Kemal Paşa'nın ansızın hastalandığını ve İzmir'den ünlü bir doktorun hemen yola çıkarıldığını haber oalrak bildirecekti... Vali, rahat etmemi, her şeyi yoluna koyacağını söyledi; ben de Mustafa Kemal Paşa'ya güvence verdim.

Şunu da hemen söylemeliyim ki, bütün bu işler rahat, ferah bir ortamda yapılmıyordu...

Politik ortam, cadı kazanı gibiydi...

Zafer, o zamana kadar gemlenmiş tutkuları şaha kaldırmış; kıskançlıkları, çıkarları, hırsları ortaya dökmüş, milletvekilleri ve Kuvayı Milliye'nin büyük başları, alttan alta çekişmeye başlamıştı!..

İsmet Paşa-Refet Paşa, İsmet Paşa-Rauf Bey çekişmeleri, Mustafa Kemal Paşa'yı tedirgin edecek kadar su yüzüne çıkmıştı!..

Üstelik Paşa, İsmet Paşa'nın "gözle yenildiği" o günlerde, Dışişleri Bakanı olmasını sağlamaya çalışıyordu!.. Niyeti, İsmet Paşa'yı bakan olarak barış görüşmelerini sürdürmek üzere Lozan'a göndermekti.

"Paşam, beni bırakmayın!.."

Fakat Fevzi Paşa ve Rauf Bey'in gönlünü etmeden bunu yapmanın yolu yoktu...

Üstelik Yusuf Kemal Bey'in de Dışişleri Bakanlığı'ndan istifa etmesi gerekiyordu. Bursa gezisi de bu işlerin yoluna konması için düzenlenmiş gibiydi!..

Ben, gezinin politik yanını bir kenara koyup, yine Mustafa Kemal Paşa'nın özel hayatına, Fikriye ve Latife ikilisinin olayları etkilemesine geçeceğim:

Bursa'ya gidildi...

Düzenlenen geçit töreni görülecek şeydi...

Fikriye, Mustafa Kemal Paşa'nın hemen arkasından gelen bir otomobilde bu töreni, gözyaşlarıyla tıkanarak seyrediyordu!.. Akşama kadar insanlar kurtarıcı Paşa için oynadılar, davul dövdüler, şarkı söylediler!..

O akşam, Belediye Başkanı'nın evinde konuktuk. Fikriye, Mustafa Kemal Paşa'nın katında ve ayrı odada kalıyordu. Ben, alt kattaki bir odadaydım. Dolu ve hızlı bir gün geçirdiğimiz için, başımı yastığa koyar koymaz uyumuşum...

Fakat, ertesi sabah, Paşa'nın odasına girdiğim zaman kendisinden, gece oynanan oyunun hikâyesini dinledim.

Herkes yattıktan sonra Fikriye, usulca Mustafa Kemal Paşa'nın odasına süzülmüş:

- Paşam beni göndermeyin!.. Paşam, beni bırakmayın! Bugün, ulu bir gün yaşadım!.. Bu milletin sizi ne kadar sevdiğini gözlerimle gördüm! Biliyorum, bu hastalık beni götürecek!.. Biliyorum, yaşamayacağım!.. Ama sizin yanınızda olursam, mutlu ölürüm... Gurbetlerde süründürmeyin beni!.. Ben zaten sizsiz yaşamaktan çoktan vazgeçtim! Sizi bayrak gibi havaya kaldıran ellerden biri de ben olmak isterim. Beni göndermeyeceksiniz değil mi?.. Bunu ağzınızdan duymak istiyorum...

Mustafa Kemal Paşa diyor ki:

- Fikriye o kadar duygulu ve inandırıcı idi ki, ben de "Peki, kal yanımda..." diyecektim. Fakat sonra böyle söylemenin hayatı için ne kadar yanlış olduğunu hatırlayınca, elverdiğince yumşak, elverdiğince inandırıcı olmaya çalışarak kendisine; yorgun olduğunu, bu yüzden sinirlerinin bozulduğunu, dinlenirse bu düşüncelerinin ne kadar yanlış olacağını elbette kavrayacağını anlattım ve sözümü şöyle bitirdim: "İnsan birkaç gün için, bütün hayatı bağışlar mı?.. Sözümü dinle, git yat! Yarın böyle düşünmeyeceğini biliyorum..." Başını öne eğmiş, gözlerinden sicim gibi yaşlar boşanarak dinledi beni, sonra: "Madem öyle istiyorsunuz, dedi; öyle yapmalıyım. Hadi Allahaısmarladık Paşam!.." dedi ve çıkıp gitti...

Ben hemen Fikriye'yi gördüm. Hazırlıklarını tamamladım ve Mudanya'dan İstanbul'a selametledim. Kendisini uğurlamaya yalnız Halide Edip Hanım gelmişti. Kucaklaşmaları ve ayrılışları oldukça acıklı idi. Halide Hanım, hiçbir şey söylemiyor ama, bütün davranışları ve insana bakışlarıyla Mustafa Kemal Paşa'yı suçluyordu! Halide Hanım'la ayrılırken Fikriye: "Beni unutmayın n'olur?.." dediği zaman, gözlerim nemlendi ve havaya bakmaya başladım. Biliyordum, Mustafa Kemal Paşa, onun için "ikinci hayat" demekti. Bunu yitirdiğini artık o da anlıyordu. Bari kendi hayatını kurtarabilse, acılarına dayanacak kadar güçlenebilse!..

Ankara'ya döndük...

Latife Hanım, Atatürk'le birlikte

"Kutsal Paşam!.."

İstanbul gezisi başarılı geçmişti. Mustafa Kemal Paşa, İsmet Paşa ile Refet Paşa arasındaki buzları kırmayı başarmıştı. Nurettin Paşa ile İsmet Paşa arasındaki gerginliği, İzmir'e ilk giren komutan olmak şerefini, nasıl Nurettin Paşa'ya vererek azaltmış, hatta yok etmişse; İstanbul'a ilk giren komutan olma şerefini Refet Paşa'ya vererek İsmet Paşa ile olan gerginliği gevşetmeyi başarmıştı. Ankara'ya döner dönmez de Rauf Bey'le İsmet Paşa arasındaki tatsız havayı yumşatma çarelerini aramaya başladı. Hemen her akşam Çankaya'da Rauf Bey'le İsmet Paşa yan yana Mustafa Kemal Paşa'nın sofrasına oturuyorlardı. Kuvayi Milliyeci Paşaların, İsmet Paşa'ya karşı takındıkları olumsuz tavrın nerden geldiğini bugün bile çözmüş değilim. Acaba, Paşa'ya çok yakın olduğu için mi onu gözden düşürmeye çalışıyorlar, yoksa kendilerinden daha akıllı ve becerikli gördüklerinden mi kıskanıyorlardı?..

Ankara'ya gelişimizin ilk haftasında, Latife Hanım'dan bir mektup aldım. Mektubun içinde, bir de Mustafa Kemal Paşa'ya yazılmış ayrı bir mektup vardı. Önce, iki mektubu aşağıya alacağım, sonra düşündüklerimi anlatacağım.

Bana yazılan zarfın üstünde şöyle bir not vardı: "Bu mektupları Mustafa Kaptan'ın 'müfrezesinin işi' için gönderdiği nefer götürecektir."

26.10.1922 – Göztepe

Sayın Salih Beyefendi;

Geçen hafta Vali beyefendi, Bursa'ya geçtiğinizi haber alınca, ekli mektubu göndermekten vazgeçmişler... Gerçi 19 Ekim'den 26 Ekim'e kadar bir çok değişiklikler oldu. Ama yine de bu satırları sunmaya karar verdim. Çünkü sizleri hiçbir zaman unutmadığımı ve bağlılığınızın altında ezildiğimi, böylece daha iyi değerlendireceksiniz... Size biraz buradan (Beyaz Köşk) söz edeyim.

Birkaç günden beri yataktayım. (Bu sıra) Mahzun ve küsük iç dünyamı bir telgrafla okşamanızı ne kadar istiyordum. (Tam) O akşam, değerli kişiliğinizin beni hatırlamış olduğunu gördüm. Ertesi gün de, Paşa hazretlerinin bana seslenmek lütfunda bulundukları tel yazısını alınca, sevincimden ağladım. Ama (gel gör ki) o iki satırcığa ekli bir mektup vardı: Paşa hazretleri rahatsızmışlar!.. Burdan, uzman bir doktor gitmiş!.. Deli gibi fırladım yataktan ve sizlerden sağlıkları için bilgi istedim.

Karşılıklı olarak, Bursa'ya hareket etme buyruğunu aldım. (Hemen) Ardından da bir şifre daha: GELMEYİNİZ, buyrulmuş!.. 24 saatlik bir mutluluktan sonra, yine karanlık... Ama onurlu bir karanlık... Tam yola çıkacaktım. Hatta valizlerim bile yapılmıştı. Bütün arkadaşlar, özellikle Şükrü Ali Bey, büyük nezaket gösterdiler.

Bu arada en yüce mutluluğumu, Paşa hazretlerinin, hiç olmazsa bir anlık beni hatırlayışlarına borçlu idim. Şimdi, Ankara yollarında olmalısınız... Acaba dönecek misiniz? Ama umudu keselim mi bilemiyorum. Burada, bütün insanlar üzüntülü... Gece gündüz, gözümüz yolda... Bekliyoruz... Sizleri o kadar göreceğimiz geldi ki, karşılaştığımızda eğer boynunuza atılırsak, sakın deli olduğumuzu düşünmeyin!.. Başyaver Beyefendi!.. Sizlerden çok rica ederim, ekli mektubu Paşa hazretlerine sunun... Eğer durumları okumaya elverişli ise... (Yok) Değilse, yakınız!.. Evet, "Yansın ve yıkılsın!" Bu sözü hiç unutmam!

Acaba kendilerinden, bugünlerde İzmir'i ziyaret edip etmeyeceklerini sorabilir misiniz?.. Kendilerine (onca) bağlı Latife'yi bu kadarcık bilgiden yoksun bırakmazsınız. Anlamak istememin birçok nedenleri var... Karşılık alırsam, sizin içtenliğinize sığınıp (nedenleri) açıklarım. Eğer İzmir'e dönülecekse, buradan gidecek özel trenle Alaşehir'e kadar, birkaç erle gelip Paşa hazretlerini herkesten önce karşılamak istiyorum. Acaba müsade ederler mi?..

İzmir'de büyük hazırlık varmış... Okul çocuklarını giydirdiklerini, zafer taklaları yapacaklarını haber aldım. Anlaşılan halk, savaş ve yangın yüzünden savsaklamak zorunda kaldıkları işleri, bugün yapmak hevesine düşmüşler... Ben, bunların arasında bulunamam. Çünkü istasyona gitmeme izin verilmediğini unutmadım. Zaten bayraklarla, birtakım üstünkörü maddi şeylerle karşılamaktansa, ayaklarına kadar en içten duygularla koşmak, beni pek mutlu edecektir. Herkesten önce: "Paşam, hoş geldiniz!.." demek, acaba o günü görmek nasibimizde mi?..

Paşa hazretleri buraya mutlaka şeref versinler... İsterlerse bir gün kalsınlar, ama her halde gelsinler... İzmir kendilerine uğurlu gelmişti. Latif'in güzel ve temiz yüreği, en içten dilekleri, ona fayda getirmekten uzak değildir. Bursa'dan üzüldüler, "İzmir'e" diye savaşa başlandı, başarılar art arda geldi. Bunu unutmayınız!.. Ben, bu gibi şeylere çok dikkat ederim!..

Ne âlemdesiniz?.. Sayın eşinizi de beraber getireceğinizi haber aldım. Pek sevindim. Size güzel bir ev hazırladık. Ailemin de bu günlerde dönmesini bekliyorum. Eğer Paşa hazretlerini burada görmeyecek olurlarsa, eminim ki babam, kendisini ayaklarına atmak için (Ankara'ya) gelecektir!.. Pa-

şa'ya o kadar vurgun! Mektuplarını sakladım, göreceksiniz...

Artık yeter... Burasını ara sıra hatırlamanızı rica, ve saygılar sunarım, efendim.

Uşakizade
Latife

Demek Mustafa Kemal Paşa'nın, annesini İzmir'e gönderme kararında olduğunu ve bu maksatla beni İzmir'e göndermeyi tasarladığını Latife, ta İzmir'den işitmişti. Demek İzmir'le Ankara arasında mekik dokuyan muhafız neferleri, kendi gereksinmelerinden başka, laf da taşıyorlardı... Gecikmiş bir önlem de olsa, herhalde gereğini yapacaktım.

Mustafa Kemal Paşa, sürekli ve yoğun bir çalışma içindeydi. Soluklandığı bir anı kolladım ve kendisine Latife'nin mektubunu verdim. Gözlerinde mavi pırıltılar gezindi. Sevindiği belli idi.

- Aç, oku.. dedi. Açtım ve okudum:

26.10.922 – Göztepe

Kutsal Paşam!..

Pek mutlu dakikalar yaşadım. Şimdi de derin bir üzüntünün içinde ezilmekteyim. Burada bırakmış olduğunuz onur, ailemin mutluluk çerçevesidir. Fakat yalnız benim, çok değerli ve ölümsüz bir şeyim daha vardır: O da canlı anılarınızdır. Yoksa bu kadar gösteriş, görkem ve –özellikle– içtenlikten sonra, yapayalnız nasıl yaşayabilirim?.. Görüyorum ki bütün duygularım ve sezgilerimle yüksek kişiliğinizi izlemekteyim!

Bir çok kez, küçük bir görev için yalvarmıştım, benimsenme-

di. Bazen dalıyorum, gözlerim kapalı, saatlerce düşünüyorum. Bu düşlerimden uyanışımda: "Yarab, ne eksilirdi derya-yı izzetinden" diyor, gözyaşları döküyorum. Belki, "Beni yirmi gün görmekle bu kız benden ne istiyor? Ve bu hakkı ona kim vermiştir?" diye öfkelenirsiniz...

Bu zavallı kızcağız, şimdiye kadar hayatın birçok acı sayfasını okumuş, hiç kimseye yüreğini bağlayamamıştır. Gözünde hiçbir şeyin önemi olmamıştır. Fakat ilk görüşte, dünyanın en büyük dahisi, kendisi için saklanmış olan bağlılık, saygı ve içtenliği almak alçakgönüllülüğünde bulunmuştur.

Evet... Hayatımın son dakikasına kadar (ister) mutlu, (ister) kahırlı olayım, milletimin önderini izlemekten geri kalmayacağım... Gerçekten yanında değilsem, yanındaymışım gibi düşleyeceğim... Mademki bütün mutluluğumu, yüksek kişiliğinizin hizmetinde buluyorum, biricik isteğim, her ne yoldan olursa olsun, bağlılığımın, yanınızda bir silah olmasıdır. Zaten yüksek kişiliğinizi bu kadar temiz ve her türlü çıkardan arınmış seven kaç kişi vardır?..

Rahatsızlığınızı işitince, ne kadar üzüldüm ve içlendim. Mademki gezinizi sürdürdünüz, sağlıklı olduğunuzu umuyorum, yüreğim rahat... Bursa'ya hareketim buyruğunuza teşekkür ederim. Beni, bir dakikacık anımsamanız, imrenilecek bir onurdur. Hiç olmazsa, iki heyecanlı gece geçirdim.

Bunca uğraşınız arasından, yüreğimin en derin köşelerinden fışkıran tümcelere bir göz atmanızla mutlu olacağım... Her zaman yüce buyruklarınızı bekler, iki ellerinizi saygı ile öperim, kutsal Paşam!..

LATİF'ten...

Paşa, mektubu salonun sonuna kadar gülümseyerek dinledi, sonra:

- Bir kenara koy, dursun... dedikten sonra, bana döndü:

- Annemin doktorları, Ankara havasının kendisine iyi gelmediğini söyleyip duruyorlardı. Fakat, bugüne kadar İstanbul, İzmir, Mersin gibi bir kıyı şehrine göndermeye bir türlü kandıramadım. İlle de benim yanımda olmak istiyordu. Fakat dün akşam fikrini değiştirdi, İzmir'e gitmeye razı oldu. Anlaşılan, kendi gözüyle Latife'yi görmek istiyor... İzmir'e gidiş kesinleştiğine göre, sen hemen yarın Konya'dan trene biner, İzmir'e gidersin... Vali Abdülhalik Bey, aklı başında bir insandır. Onunla, annemin rahat edeceği bir ev arayıp bulun. Ama sakın, kaçan Rumların bıraktıkları evlerden biri olmasın... Laf istemem. Evi bulur bulmaz bana haber ver, annemi göndereyim...

- Başüstüne Paşam... dedim.

Hemen hazırlıklara başladım. Ertesi sabah trende idim. İzmir'e geldiğim zaman karşımda, Latife Hanım'ın adamlarından Ahmet Ağa'yı görmeyeyim mi?.. Şaştım kaldım...

- Hoş geldiniz beyim, diyordu; bari yolculuğunuz rahat geçti mi?..

- Ahmet Ağa, benim tertibim başkaydı... Acaba hanımefendiye sonra uğrayıp saygılarımı sunsam olmaz mı?..

- Olmaz beyim hiç olmaz!.. Sizin İzmir'e geleceğinizi öğrendiği günden beri her gün istasyona gelip gidiyorum... Odanız hazırlandı bile...

Gitmemek ayıp olacaktı, ister istemez Ahmet Ağa ile yola düştük. Bir fayton yollamışlardı, hava da biraz esintili ama, güneşli idi. Göztepe'yi böylece tuttuk...

Atatürk'le Latife Hanım

"Benim ikinci babam!.."

Köşke geldiğim zaman, Latife Hanım beni kapıda karşıladı. Sokak kapısında karşılanmak için doğrusu ne etiketim elverişliydi ne dostluğumuz... Olsa olsa, bu davranış, Latife Hanım'ın nezaketini gösteriyordu. Yorgunluk kahvesini içerken İzmir'e gelişimin nedenlerini anlatıyordum, Latife Hanım da gülerek beni dinliyordu:

- Yorulmayın Salih Beyefendi, dedi; hepsini biliyorum. İzmir'de Gazi Paşa hazretlerinin karargâhı dururken, valideleri hanımefendinin dinlenmesi için başka ev aramaya gerek var mı?.. Burası sizin de evinizdir...

Geceyi köşkte geçirdim. Ertesi gün Vali'yi ziyarete gidecektim; Latife Hanım da benimle gelmekte ayak diredi. Aslında Latife Hanım'ın yanında Vali Abdülhalik Bey'le görüşmem doğru değildi; fakat kızın bunca nezaketine karşı direnmeyi doğru bulmuyordum. Kendi kendime "Olmazsa Vali Bey'le ayrıca görüşür, duruma kesin biçimi veririm." diye düşündüm. Kalktık gittik...

Valiye Ankara'dan gereken bilgi verilmişti. Ben gelmeden, bana hazırlık olmak üzere Abdülkadir Bey boş evleri gözden geçirmişti. O bakımdan, konuşmaya olgun girmiştik. Valinin bulduğu birkaç uygun evden bir de Uşakizade Muammer Bey'in Karşıyaka'daki köşkü idi.

Latife Hanım:

- Son derece hava alır, güneş görür, sanatoryum gibi bir evdir. Çevresi açıktır, ferahtır. Çok kısa bir zamanda dayar, döşer, kullanılır hale getiririz, diyordu.

Vali Abdülhalik Bey de bu ev üstünde karar kılınınca,

durumu Ankara'ya telefonla bildirdim; uygun bulundu, eşya ve döşemelerine başladık.

Latife Hanım, hemen her gün beni de alıp Karşıyaka'daki köşke gidiyor, dayanıp döşenmesi, temizlenmesi işleriyle uğraşıyordu. Bu günlerin birinde Uşakizade Muammer Bey, eşi ve kızları Avrupa'dan geldiler... Latife, beni kendilerine:

- Benim ikinci babam... diye tanıştırdığı için, her biri bana son derece iyi davranıyor, ben de bu nezaketin altında adeta eziliyordum.

Üç haftada köşk hazırlandı. Dayandı, döşendi, temizlendi; Zübeyde Hanım'ın ayaklarından rahatsız olduğu düşünülerek kapı eşikleri kaldırıldı. En sonra bir de tekerlekli araba bulununca, bana tekmili verdiler:

- Hanımefendi için köşk hazırlanmıştır...

Ben de durumu Ankara'ya bildirdim. Tabii, Ankara'ya bildirdiğim yalnız köşkün hazırlanması değil, Mustafa Kemal Paşa'nın verdiği yörüngeye göre, üç günde bir Latife Hanım hakkında raporlar gönderiyordum. Bu raporların konusu; nasıl bir kadın, nelerden hoşlanıyor, nelerden hoşlanmıyor, dostlarıyla ilişkileri, varsa düşmanları kimlerdir ve düşmanlık sebepleri nelerdir, arkadaşları kendisini nasıl seviyorlar, candan mı yoksa adet yerini bulsun için mi...

Daha bir sürü konuları, her gün çeşitli davranışlarından aldığım izlenimlere göre, yorumlara bağlıyor ve Ankara'ya mektup halinde gönderiyordum.

Bu raporlardan birini Latife Hanım'a gösterdim. Doğrusu, Latife Hanım'ın aleyhinde sayılabilecek bir şey yazmıyordum. Çünkü böyle bir nitelik gözüme çarpmış değildi.

Latife Hanım'ın günlük hayatını ve günlük hayatını dolduran olayları Ankara'ya aktardığım için, bazen günü gününe şifre telgrafla Gazi Paşa'ya bildiriyordum. Bazen de Ankara'dan şifre telgraflar alıyor ve anlaşılmamış noktaları, daha geniş bilgi vererek açıklığa kavuşturuyordum.

Ankara'dan bir şifre telgraf aldım. Telgrafta: Zübeyde Hanım'ın birdenbire ağırlaştığını ve İzmir gezisini bu koşullar altında yapamayacağı anlatılıyordu. Benim de burdaki müfrezeyi de yanıma alarak hemen Ankara'ya dönmem isteniyordu. Durumu Vali Abdülhalik Bey'e ve Latife Hanım'a bildirdim. Gazi Paşa'nın telgrafı buyruğu ile İzmiri de bırakılmış müfrezeyi de yanıma alarak hemen Ankara'ya hareket edeceğimi söyledim.

Kendi hazırladığım bir kör kuyuya düşmüştüm...

Doğrusu böyle bir telgrafı ben de beklemiyordum. Çünkü Zübeyde Hanım'ın gezisi kaldırılmamış, geriye bırakılmıştı. Nasıl olsa bir iki ay sonra iyileşir iyileşmez İzmir'e gelecekti. Böyle olunca da burada bırakılan müfrezenin Ankara'ya çekilmesinde bir zorunluluk yoktu. Ama, mademki buyruk böyleydi, yapacaktık. Gel gelelim Latife Hanım, telgrafa büsbütün başka bir anlam verdi. Gazi Paşa'nın kendisiyle olan ilişiğini kesmeye karar verdiğini sanıyordu. Belki de benim verdiğim raporlardan kuşkuya düşmüş olabilirdi. Hırçınlıklar yapıyor, Avrupa'ya gitmek istediğini söylüyor ve Gazi Paşa'nın kendisine izin vermesini istiyordu.

Ben Latife Hanım'a:

- Ben böyle bir şeyi Gazi Paşa'ya söyleyemem... Siz, kimseye bağlı olmayan özgür bir vatandaşsınız. Ne zaman isterseniz Avrupa'ya veya başka bir yere gidebilirsiniz... Ben, olsa olsa sizin Avrupa'ya gitmek üzere olduğunuzu haber verebilirim...

O, bütün kadın hırçınlığını ele almış, direniyordu:

- Hayır efendim... Gazi Paşa hazretleri izin vermedikçe, ben şuradan şuraya gidemem. Mademki benimle ve İzmir'deki karargâhlarıyla ilişkilerini kesiyorlar, o halde benim de Avrupa'ya gitmeme izin versinler, olsun bitsin!.. diyordu.

Öfkesinin bastırılması için bir süre savsakladıktan sonra, Latife Hanım'la aramızda şöyle bir konuşma geçti:

- Zübeyde Hanımefendi'nin, bir yerden bir yere gidecek durumda olmadığını biliyorsunuz... Doktoru kesinlikle hareket etmesini bile yasaklamış. Bu durumda bir hasta nasıl kalkıp İzmir'e gelebilir?..

- Evet, ama buraya bırakılmış müfrezenin de Ankara'ya çekilmesi, Gazi Paşa'nın ailemizle ilişiğinin kesilmesini gösterir...

- Düşüncenize katılmıyorum hanımefendi... Fakat, Ankara'ya gittiğim zaman, bütün isteklerinizi yerine getirmeye çalışacağım, inanabilirsiniz... Gazi Paşa ile görüştükten sonra her şeyi olduğu gibi size yazacağım. O zaman düşüncenizde ne kadar yanılmış olduğunuzu siz de anlayacaksınız... Bugünden üzüntüye kapılmanız uygun olmaz...

Latife Hanım, konuşmalarıma teşekkür ediyor, ama bir türlü göz yaşlarını kesmeyi başaramıyordu. Gerçekten güç yerde kalmıştım. Ben de durmadan üzülüyordum. Ancak, olayları Gazi Paşa'ya aktarmak, özlediğimiz evlenme işinin bütün köprülerini uçurmak olacaktı. Bu arada ateşim yükselmişti, Ankara'ya gidecek durumda değildim. Ankara'ya şöyle bir telgraf çektim:

Rahatsızım. Doktorlar yola çıkmamı uygun görmüyorlar. İzin verirseniz, birkaç gün sonra yola çıkmak düşüncesindeyim. Buyruğunuz olursa, İzmir'deki müfrezeyi hemen yola çıkarabilirim.

Salih.

Birkaç saat sonra Gazi Paşa'dan şöyle bir telgraf aldım:

Tam anlamıyla iyileşinceye kadar, müfreze ile birlikte İzmir'de kalınız

G. M. Kemal.

Bu telgraf gelince Latife Hanım biraz rahatladı. Ama tedirginliği yine sürüyordu. Mustafa Kemal Paşa ile evlenmeyi aklına koyan Latife, bu gayesini gölgeleyecek her olaydan etkileniyor ve hemen de soğukkanlılığını yitiriyordu. Bütün bunlara rağmen, benim de adeta gözlerim bağlanmış, bu mizaçta bir kız ile, bunca yakından tanıdığım Gazi Paşa'nın nasıl uyuşacaklarını bir an olsun düşünmeden, evlenmeyi sağlamaya büyük önem veriyordum.

Bugün, onca olaylardan sonra bu gayretimi, hemen bütün büyük Paşaların bu evlenmeden yana oluşlarının etkisinde kalışıma bağlıyorum. Daha önce de söylediğim gibi, Fethi Bey'den başka herkes bu evlenmeyi destekliyordu. Zaman ve olaylar, Fethi Bey'in haklı, bizim kısa görüşlü olduğumuzu ortaya koydu.

Bunu itiraf etmek, bana çok ağır gelmekle beraber; bunca yıldan beri tanıdığım Gazi Paşa ile, yakından izlemek fırsatını bulduğum Latife Hanım'ın uyuşamayacaklarını görmek hiç de zor bir iş değildi. Ama kendi hazırladığım bir kör kuyuya düşmüştüm...

"Ben anamı tanımaz mıyım..."

Ateşim 37,5-38 üzerinde hemen bir hafta sürdü. Ama hafta sonunda da ateşi tepelemeyi başardım. Ankara'ya gitmeden önce, Latife Hanım'la ve ailesiyle vedalaştık. Müfrezeyi de yanıma alarak hareket ettim. Bıraktığım Latife Hanım, yine salya sümük ağlamaklıydı. Ben de sanki kızımmış gibi kendisine acıyordum.

Ankara'ya gelince durumu Gazi Paşa'ya anlattım. Çok üzüldü. Hemen muhafız kuvvetlerinden birkaç neferi seçtirdi ve bunlara birkaç teneke bal ile, savaşta bindiği "Sakarya" adlı atını verdi. Bana da bütün kuşkuları giderici bir mektup yazmamı ısmarladı.

Muhafız erleri ve hediyeler yola çıktıktan birkaç gün sonra, bir gece, ilerlemiş saatlerin birinde telefon çaldı, gözümü açtım ve ahizeyi elime aldım:

- Efendim!..

- Salih, seni uykudan uyandırdım, değil mi?.. Ama yalnız senin çözebileceğin bazı sorunlar var. Sen kalk, giyin ve hemen benim yanıma gel!..

Gazi Paşa, çok az uyuduğu ve hele sabaha karşı yatmaya alıştığı için, böyle gecenin ilerlemiş saatlerinde uykudan kalkmaya alışıktım. Hemen kalktım, giyindim ve Mustafa Kemal Paşa'nın bulunduğu salona gittim; Gazi Paşa beni bekliyordu:

- Salih, valide bayrakları açtı, kimseyi dinlemiyor. Ben doktor moktor bilmem, İzmir'e gideceğim diye tutturdu; hatta çarşaflandı bile... Beni de dinlemiyor artık. "Öleceksem, İzmir'de öleyim, ben burada bir dakika bile durmam!.." diyor.

Ben anamı tanımaz mıyım, Nuh der peygamber demez artık... Bir özel tren hazırlanması için gerekenleri emir verdim. Özle tren hazırlanana kadar da sen hazırla, annemle birlikte İzmir'e gideceksin...

- Emredersiniz Paşam... dedim.

Gazi Paşa, düşünceliydi. Konuşmasını sürdürdü:

- Eğer yolda, tanrının buyruğu erişirse, Ankara'ya yakınsanız, Ankara'ya dönersiniz... Yok İzmir'e yakınsanız, yolunuza devam edersiniz ve bana durumu bildirirsiniz. Gömeceğiniz yer, benim kendisini her zaman ziyaret edebileceğim bir yer olsun. Söyleyeceklerimin hepsi bu... Şimdi gidip hazırlan. İstersen yanına hanımını da al, o da İzmir'de biraz kendine gelsin.

- Emredersiniz!..

"O bana değil, ben ona benziyorum..."

Gazi Paşa'nın annesi, benim annem gibi bir şeydi. Hatta Zübeyde Hanım, oğlundan çok benimle baş başa kalırdı. Paşa cephelere gider, Trablusgarb'a koşar, Sofya'ya Ateşemiliter olur, Zübeyde Hanım hep benimle haşır neşir olurdu. Kendi annemi mi yoksa Zübeyde Hanımı mı daha çok sevdiğimi mi kestiremem... Onun için en amansız yerimden vurulmuştum. Üzüntümü Mustafa Kemal Paşa'ya belli etmemek için hemen yanından ayrıldım ve eve geldim. Karım, asker karısı olduğu için, gece yarısı uyanmalara alışıktı. Birkaç kelime ile durumu bildirdim, ayaklandı.

Giyinip valizleri yapmamız, trenin hazırlanmasından önce bitti; birlikte köşke geçtik ve Zübeyde Hanım'ın bulunduğu bölüme girdik. Zübeyde Hanım, gerçekten aklına geleni yaptırmak için, çarşaflanmış öylece bekliyordu. Doktor Asım Bey, sözünü dinletememenin çaresizliği içinde bir kenarda oturuyordu. Zübeyde Hanım yanına beni ve karımı istemiş; ayrıca Paşa'nın emir çavuşu Ali ile bakıcısı Fatma'nın dışında hiç kimsenin yanına verilmemesini istemişti.

Bizi görünce Manastır şivesi ile konuştu:

- A be şimendüferden çabuk hazırlandın, Salih oğlum. Sen benden yana olursun inşallah... Beni göndermek istemezler İzmir'e. Ölür mölürmüşüm yollarda der, bu benim Asım Bey oğlum...

- Doktor demişse bir bildiği vardır be anacığım... Ama madem yola çıktık Allah korur elbet...

- Korur Allah benim gibi fukara kadını... Ben giderim gelinimi görmeye... Ben giderim oğlumu evermeye... Niçin korumasın Allah benim gibi bir kadını?..

- Korur anacığım, korur...

Tren sabaha karşı hazırlandı, yola çıktık. Zübeyde Hanım o kadar yorulmuştu ki, tren kalkar kalkmaz uyudu. Doktor başında bekliyordu. Ben, karım ve doktor, nöbetleşe Zübeyde Hanım'ı bekleyecektik... Doktordan sonra ben nöbete girdim. Bir ara sarsıntıdan uyandı. Beni görünce sevindi:

- Abe sen niye uyumazsın Salih oğlum?.. Ne beklersin beni?.. Madem uyumadın, söyleyeyim sana niçin giderim İzmir'e!..

Bizi dinleyen var mı gibilerden bir sağa bir sola baktı ve sonra konuşmasını sürdürdü:

- Vardır bir Lütfiye İzmir'de... Benim oğlum beğenmiş o kızcağızı... Alıp kendisine karı yapacak... Gidip bir bakayım, nasıl bir kızdır, oğluma yakışır mı yakışmaz mı?.. Sen ne biçersin bu işe anlat hele...

Bildiklerimi, düşündüklerimi uzun uzun Zübeyde Hanım'a anlattım. Elbet anlattıklarım –Zübeyde Hanım'ın Lütfiye dediği– Latife Hanım'dan yanaydı. Dinledi, dinledi, bana inanmış gibi göründü ama, yürekten inanmadığını ben biliyordum. İşi şakaya döküp sözü kapattı:

- Görür müsün sen benim Mustafa Paşamı?.. Bırakmıştır bir Fikriye, tutturmuştur bir Lütfiye... Sever mi bu Lütfiye benim oğlumi, sen süyle Salih oğlum...

- Dildır (değildir) adı Lütfiye, Latife'dir... İsmiyle müsemmadır bu kızcağız, hem Latif'tir ve de hafiftir...

Böyle şakalaşa gülüşe İzmir'i tuttuk. Karşıyaka İstasyonu'nda Latife Hanım'la Zübeyde Hanım'ın tanışması bir âlemdi:

- Bak anacığım, bu kızcağızdır Latife...

Zübeyde Hanım, hasta olduğu halde adeta dirilmiş, gözleriyle tepeden tırnağa Latife'yi süzdükten sonra, son derece temiz bir Türkçeyle:

- Kızımız çok güzelmiş Salih oğlum!.. dedi.

Latife, başına yıldırım inmiş gibi sallandı... Kendisini güç bela toparlayarak:

- Şımartıyorsunuz beni hanımefendi hazretleri, elinizi öpeyim... diyebildi.

Zübeyde Hanım, şaşılacak bir güç göstererek hastalığını adeta omuzlarından silkip attı. Latife'nin elini avucunda tutarak o tören Türkçesiyle:

- Maşallah... Resimlerinden daha güzelmişsin yavrum... Sizi istasyonda çok bekletmedik ya?..

Latife, beğenilmenin sevinciyle, gözlerinin dibine kadar kızararak konuştu:

- Beklemenin sözü mü olur hanımefendi hazretleri... Olsa olsa bir an önce size kavuşmak heyecanı içindeydik... Sonra siz de resminizden çok daha güzelsiniz!..

Zübeyde Hanım, hâlâ Latife'nin elini avucunda tutarak Mustafa Kemal Paşa'ya benzeyen gözlerini Latife'ye yaklaştırdı:

- Gel bu sırrı senin kulağına söyleyeyim, dedi ve sesini biraz daha yavaşlatarak ve göz kırparak:

- İnsan, güzele baktıkça güzelleşir...

Latife, bunca övüldüğü halde, birden paniğe kapıldı. Bu yaman, bu zehir gibi bakmasını ve konuşmasını bilen kadına kendisini nasıl beğendirecekti?.. Bu şaşkınlık içinde:

- Siz gerçekten Mustafa Kemal Paşa'nın annesisiniz!.. deyince, Zübeyde Hanım, çoktandır kendisinden duymadığım canlı ve hayat dolu bir kahkaha koyuverdi:

- Anasıyım, anasıyım ama; o bana değil, ben ona benziyorum!..

"O sever Mustafa Kemal Paşa'yı!.."

Müfreze erleriyle birlikte gönderdiğimiz bal tenekeleri ve Mustafa Kemal Paşa'nın, Kurtuluş Savaşı sırasında bindiği at Sakarya, daha Latife Hanım'a verilmemişti. Ben gelir gelmez, bal tenekelerini Mustafa Kemal Paşa'nın armağanı olarak Latife Hanım'a verdim; fakat atı Zübeyde Hanım'ın armağan etmesi için beklettim. Nitekim, Karşıyaka'daki köşke yerleştikten birkaç gün sonra, havanın çok güzel olduğu bir ikindi saatinde Zübeyde Hanım, oğlunun armağanı olan atı, Latife'ye verdi. Latife, hem annesinin gözüne girdiği için seviniyor, hem Mustafa Kemal Paşa'dan bir armağan almanın gururunu taşıyor hem de adı "Sakarya" olan ve Mustafa Kemal Paşa'yı zafere taşıyan bir tarihî atın sahibi olmanın sevincini içinde kaynatıyordu. Birkaç gün daha böyle cicim günleri geçirdikten sonra, Zübeyde Hanım beni çağırdı:

- Bak, evlatçığım... On gün var otururuz bu kızcağızın evinde... İyidir hoştur fakat tutmamıştır gözüm efendim bu işi!.. Bu kızcağız da bilmez benim oğlumu sevmediğini!.. O sever Mustafa Kemal Paşa'yı... O sever Gazi Paşa'yı!.. O sevmez efendim, Mustafa Kemal Efendi'yi... O ister, Mustafa Kemal Paşa'nın karısı olsun! O ister, kurulsun Çankaya'da, buyursun ona buna! İster, olsun büyük Büyükhanımefendi! Sevemez o benim Mustafamı... Sever Mustafa Kemal Paşa'yı, Gazi Paşa'yı!.. Sen beni çabuk götüresin evlatçığım Ankara'ya... Söyleyeyim Mustafa'ya bu iş olmaz!..

Söyledikleri kendi açısından belki haklıydı. Fakat benim düşüncelerime uymuyordu. Bununla beraber kendisine yatıştırıcı bir konuşma yaptım:

- Peki Büyükhanımcığım... Siz elbette daha iyisini bilirsiniz!.. Ben Doktor Asım'la görüşeyim. Ona göre hareket ederiz...

Nitekim o gün Dr. Asım'la görüştüm. Fakat doktor bu kez iyice direniyor ve böyle bir geziye çıkmakla intihar arasında kıl kadar fark olmadığını ileri sürüyordu. Durumu, uygun biçimde Zübeyde Hanım'a bildirdim. Köpürdü... Mutlaka gideceğini, geçen kez de doktorun gezi izni vermediğini hatırlatarak yine yola çıkmak istediğini söyledi ve beni "doktorun kuyruğu" olmakla suçladı. Zübeyde Hanım, benden, düşüncesinin Ankara'ya bildirilmesini istemiyor, sadece bir an önce Ankara'ya dönmek istediğini söylüyordu. Bu nedenle Ankara'ya, Zübeyde Hanım'ın fikri ile ilgili hiçbir şifre vermedim. Sadece Ankara'ya dönmek istediğini, doktorun da bunun cinayetten farkı olmayacağını belirttiğini telledim. Gazi Paşa, doktorun dediğine göre hareket edilmesini buyurdular.

Artık Beyaz Köşk, bulanık günler yaşamaya başladı. Zübeyde Hanım, hastalığı ilerledikçe sinirli, hırçın bir kadın olmaya başladı. Latife Hanım, Gazi Paşa'nın annesi ile kendisi arasında şimşeklerin çakmakta olduğunu fark etmekte gecikmedi. Eğer annesi, aleyhine dönerse, Gazi Paşa'dan uzaklaşmak zorunda bırakılacağını hesaplıyor, bu yüzden de hem sinirleri geriliyor hem de beni, Doktor Asım'ı kendi yanına çekmek için, ne yapacağını bilemiyordu!..

Kolları arasında ruhunu teslim etti...

İşte bu günlerin birinde emir çavuşu Ali (Yaman) Ankara'dan istendi. Latife, yine dolaşıp düğümlenmeye başladı. Emir çavuşunun çağrılmasını, çeşitli biçimde yorumluyor ve Ali Çavuş Ankara'ya gider gitmez, Mustafa Kemal Paşa'ya "kendisi aleyhinde bulunacağını" sanıyordu! Ben kendisine, Ali Çavuş'un çağrılmasının Gazi Paşa'nın yeni bir geziye çıkacağına işaret olduğunu söyledim. Belki de İzmir'e gelecekti.

Latife, Ali Çavuş'u memnun etmek için yapmadığını

bırakmadı. En sonra giderken, Gazi Paşa'ya yazılmış bir mektubu verdi ve bunu "mutlaka eline vermesini" tembihledi. Bana anlattığına göre, mektupta Gazi Paşa'ya annesinin sağlığı üzerinde bilgiler vermiş ve İzmir'e gelmesini rica etmişti. Gerçekten, Ankara'dan gelen haberler de tahminlerimizi doğruluyordu. Gazi Paşa Eskişehir, Bursa, Balıkesir üzerinden İzmir'e gelecekti...

Zübeyde Hanım, artık kendisini bilmeyecek kadar komaya girip çıkmaya başladı. Seyahatin başlayacağı gece sabaha kadar hastalık en ağır biçimde sürdü ve sabahleyin bir yandan güneş doğuyor, bir yandan Zübeyde Hanım ruhunu teslim ediyordu... Hemen Ankara'yı aradım, Gazi Paşa, Eskişehir'e hareket etmişti. Eskişehir'de eline geçmek üzere bir telgraf çektim. Tam öğle vakti, Gazi Paşa'dan bir telgraf geldi. Annesinin uygun bir yere gömülmesini istiyor; Bursa, Balıkesir'den sonra İzmir'e geleceğini haber veriyordu...

Bir taraftan Vali, bir taraftan Uşakizadeler, gerekli hazırlıkları yaptılar. Ben, hüngür hüngür ağlıyordum...

Latife bir gelip beni oyalamaya çalışıyor, bir cenaze hazırlıklarına koşuyordu. Şimdi düşünüyorum da ölüme sevinilmez ama, Latife herhalde "içten içe" Zübeyde Hanım'ın ölümüne sevinmiş olmalıdır!.. Kesinlikle inanıyorum ki, eğer Zübeyde Hanım birkaç gün daha yaşasaydı ve oğlu ile görüşmek fırsatını bulsaydı, Mustafa Kemal Paşa ile Latife Hanım arasında evlenme hiçbir zaman söz konusu olamazdı...

Fakat hakkını yemeden söylemeliyim ki, Zübeyde Hanım'ın yaşamasının, kendi mutluluğunun aleyhinde olduğunu biliyor ama; yaşaması için bütün gün, bütün gece başucunda hastabakıcı gibi hizmet etmekten vazgeçmiyordu. Kolları arasında ruhunu teslim etti demek yanlış olmaz...

Atatürk, Kâzım Karabekir ve Fevzi Paşalarla annesinin mezarı başında (27 Ocak 1923)

Ulusal Egemenlik...

İki gün sonra Gazi Paşa, İzmir'e geldi... O gün İzmir, bir kez daha İzmir oldu. Kırmızı fesler ve kırmızı bayraklar, caddelerden bir kırmızı nehir gibi bir kez daha aktı. Öylesine bir heyecandı ki, adeta şehrin içi içine sığmıyordu...

Gazi Paşa, dosdoğru anasının gömüldüğü Ferik Osman Paşa Camisine gidecekti. Kendisini, Karşıyaka İstasyonu'nda karşıladık. Tek başına beni kompartımana aldı:

- Latife Hanım'la evlenmeye karar verdim. Eğer babası burdaysa, hemen kendisini bul ve kararımı bildir. Kimseye bir şey söylemesinler... dedi.

- Emredersiniz!..

Hemen istasyonda Gazi Paşa'yı istasyonda bekleyen Uşakizade Muammer Bey'i buldum. Kendisine:

- Gazi Paşa hazretlerinin kayınpederi oluyorsunuz, sizi kutlarım... dedim.

İlkin, yüzüme öylece bakakaldı, sonra heyecanla boynuma sarılarak, adeta kokumu ciğerlerine dolduran soluklarla beni öptükten sonra "Hemen koşup kızıma haber vereyim." dedi. Elinden yakaladım "Bu haberi sizden ve benden başka kimse bilmeyecek..."

Geziye Gazi Paşa ile birlikte Kâzım Karabekir Paşa, Fevzi Paşa da katılıyordu. Hep birlikte doğruca Zübeyde Hanım'ın taze mezarına gittiler. Gazi Paşa, düşünceliydi, durgundu. Bir çiçek yığının altında yatan annesinin mezarına gelince, ellerini bağladı. Beraberindekiler, Fevzi ve Karabekir Paşalar birer fatiha okudular. Mustafa Kemal Paşa, mavi gözlerine çöken karanlığın içinde bir süre sustu ve sonra konuşmaya ve annesine ait anılarını dile getirmeye başladı:

"Zavallı annem!.. Şimdi vücudu, bir zamanlar Türk Milletinin ideali haline gelmiş kutsal İzmir'in topraklarında yatıyor. Ölüm, gerçeklerin en büyüğü!.. Doğanın insana kıyarak yasasını yürütmesi!.. Bunu hepimiz biliriz de, üzüntüsünden yine de kurtulamayız! Burada yatan annem, zulmün, zor kullanmanın ve bütün bir milleti keyfince yönetenlerin kurbanı olmuştur. Bu düşüncemi açıklayabilmem için, izin verirseniz, ızdırapla yüklü hayatının birkaç noktasını gözlerinizin önüne sereyim...

"Abdülhamit dönemiydi... 1904 yılında Kurmay Yüzbaşı olarak okulu bitirmiştim. Hayata ilk adımımı atıyordum. Fakat bu adım, hayata değil zindana rastladı. Beni aldılar ve keyfi yönetimin zindanına attılar. Annem, ancak zindandan kurtulduktan sonra başıma geleni haber alabildi. Hemen beni görmeye koştu ve İstanbul'a geldi.

"Fakat, İstanbul'da kendisiyle ancak dört beş gün görüşebildik. Çünkü istibdat yönetiminin cellatları, casusları, hafiyeleri evimizi sarmış ve beni alıp götürmüşlerdi. Annem peşimden koşuyordu. Görüşmemiz yasaklanmıştı. Beni menfaya (sürgüne) götürülecek vapura bindirilmiştim. Anacığım, gözyaşlarıyla Sirkeci rıhtımında taşların üstünde dövünüyor, kahroluyordu... Menfada geçirdiğim yılları anam ızdırap ve gözyaşları içinde tüketmiştir.

"Şimdi başka bir noktayı anlatacağım. Mütareke yıllarında, kurtuluş kavgamıza başlamak için Anadolu'ya geçmiştim. Annemi beraberimde götüremezdim. O, İstanbul'da kalmıştı. Yanında sürekli olarak kalan bir adamım vardı. Onu da Anadolu'ya götürmüştüm. Erzurum'dan, bu adamı anneme gönderdiğim zaman, zavallı annem, padişahın benim için çıkardığı idam fermanını bildiğinden, adamın yalnız olduğunu anlar anlamaz, idam edildiğime hükmetmiş ve bu üzüntüsü bir felçle sonuçlanmıştı...

"Benim yıllarım mücadele ile, onun yılları keder ve üzüntü ile geçti. Padişah ve hükümeti ile birlikte bütün düşmanların sürekli baskı ve işkencesi altında yaşadı. Oturduğu ev, bin bir çeşit nedenlerle basılır, aranır, kendisi sürekli olarak benim için tedirgin edilirdi. Annem, İstanbul'da geçirdiği son üç buçuk yılın bütün gece ve gündüzlerini gözyaşları içinde geçirdi. İşte bu sürekli gözyaşları, ona gözlerini kaybettirmiştir. Çok kısa bir süre önce onu İstanbul'dan yanıma aldırabildim. Ana oğul kavuşmuştuk... Ama madde olarak ölüydü, sadece mana olarak yaşıyordu...

"Annemi kaybettiğim için, kuşkusuz çok üzgünüm. Ancak büyük bir avuntum var: En büyük anamız vatanı batıran ve yokluğa sürükleyen yönetim, bir daha hortlamamak üzere, yokluk çukuruna gömülmüştür. Annem, sonsuza kadar bu toprağın altında yatacak, Ulusal Egemenlik de sonsuza kadar bu toprağın üstünde bayrak olup dalgalanacaktır. İşte beni avutan en büyük güç budur... Evet, Ulusal Egemenlik, bu toprakların üstünde sonsuza kadar sürecektir... Annemin mezarı üzerinde ve Allah'ın huzurunda yemin ediyorum: Bu kadar kan dökerek milletin kazandığı Ulusal Egemenliği korumak ve savunmak için gerekirse anamın yanına uzanmaktan asla göz kırpmayacağım... Ulusal Egemenlik için CANIMI VERMEK, BENİM VİCDAN VE NAMUS BORCUM OLSUN!.."

Dinleyenlerin gözlerinden ip gibi yaşlar akıyordu... Gazi Paşa da yanağından yuvarlanan yaşları saklamadan konuşmasını bitirmişti. Önce Karabekir Paşa, sonra Fevzi Paşa, Gazi Paşa'yı kucaklayarak hem taziye ettiler hem kutladılar. Konuşmayı dinleyen halk, Gazi Paşa'nın elini öpmek için birbirini eziyor, güvenlik kuvvetleri, halkın çemberi yarmasını güçlükle engelliyordu...

Ben, bir fırsatını bulup Muammer Bey'i Gazi Paşa'ya tanıştırdım:

- Uşakizade Muammer Bey, Paşam..

Gazi Paşa, Muammer Bey'in elini sıktı ve Vali'ye dönüp sordu:

- Programınız var mı?..

- Buyruğunuza göre düzenlenecek Paşa hazretleri...

- Öyle ise ben, Muammer Bey'e gidip bir kahve içeyim...

Muammer Bey'e döndü; yol göstererek:

- Buyrun efendim...

"Evleniyoruz... Hemen!.."

Otomobillerle, Beyaz Köşk'e geldik. Gazi Paşa, ak merdivenlerin başında Latife'nin annesini, kardeşlerini tanıdıktan sonra Latife'ye gülerek elini uzattı... Salonun körfeze bakan büyük camları önünde oturdular. Gazi Paşa, Muammer Bey ve eşi Adviye Hanım'a, annesine karşı gösterilen ilgiden ötürü teşekkür etti.

- Biliyorum, dedi; her şeyden haberim var... Elinizde olanı, olmayanı yaptınız... Kendi anneniz olsa, bundan daha şefkatli, bundan daha yakın davranamazdınız... Hele küçük hanım –eliyle Latife'yi gösterdi– paralandı... Bakın, yüzü ne kadar solmuş, gözünün ışıltısı da sönmüş!..

Uşakizadeler, hep bir ağızdan gürültülü bir konuşma tutturdular. Zübeyde Hanım'a yaptıklarının hiçbir değeri olmadığını, gereken ilgiyi gösteremediklerini falan anlatıyorlardı... Bu kadın gürültüsünden Mustafa Kemal Paşa çabuk sıkıldı:

- Teşekkür ederim... Kızınıza bir diyeceğim var... dedi ve Latife'yi elinden tutup salonun bir köşesine götürdü. Latife, Mustafa Kemal Paşa'nın yanında yürürken adeta titriyordu... Paşa, kestirmeden konuştu:

- Tamam... Anlaştık... Evleniyoruz... Hemen!..

Latife, ne yapacağını kestiremediği için Gazi Paşa'nın ellerine sarılıp öptü... Sonra heyecanla:

- Aman Paşam, dedi; nasıl olur?.. Hemen nasıl evlenebiliriz?.. Bana biraz izin verin!..

- İzin yok, emir emirdir... Hazırlan, hemen Kadı'nın önüne çıkacaksın!..

Paşa ve Latife, sevimli bir tablo oluşturmuşlardı! Konuşmaları herkes zevkle dinliyordu. Mendiller ele alınmış ve göz kenarları kurutulmaya başlanmıştı!..

Latife yalvarıyordu:

- Paşam, elinizi ayağınızı öpeyim... İki ayağımı bir pabuca sokmayın... Bir iki akrabaya olsun haber vermek gerekir...

Mustafa Kemal Paşa, uzaktan olup bitenleri seyreden ailesine dönüp neşeli bir sesle:

- Çok dik başlı bir kızınız var!.. Benim emirlerimi dinlemiyor!..

Adviye Hanım söze davrandı:

- Aman Paşa hazretleri, Latife sizin emirlerinizi Tanrı buyruğu gibi benimser, sakın bir yanlışlık olmasın!..

- Hayır, hiçbir yanlışlık yok! İşte kendisi burada sorun söylesin!..

Latife, çaresiz kalmış insanların sesi ile annesine anlatıyordu:

- Ama anneciğim, Paşa hazretleri: "Şimdi Kadı'yı getireceğim evleneceksin!.." diye beni bir oldu bitti karşısında bırakıyor. Birkaç saat olsun hazırlanmadan hiç olur mu?..

Latife'nin bu sözleri salonda kahkahalarla karşılandı. Gazi Paşa bunun üzerine:

- Hadi bakalım, sana iki gün izin, dedi; Ayın 29'unda öğleden sonra ve bu salonda...

Latife'nin yüzü gelincik gibi kızarmış, mutluluktan gözleri samanyolu gibi ışık kesilmişti. Hemen Gazi Paşa'nın elini öptü. Ardından koştu, geldi benim elimi öptü. Ondan sonra babası, annesi ve kardeşleri ile kucaklaşmalar sıralanıyordu...

"Kabul ediyorum!.."

1923 yılının 29 Ocak'ında İzmir Göztepe'deki Uşakizade Muammer Bey'in köşkünde Gazi Mustafa Kemal Paşa, bir çay veriyordu. Bu çaya İzmir'in bazı ileri gelenleri ile, İzmir'de bulunan Mustafa Kemal Paşa'nın arkadaşları ve Uşakizadelerin yakın akrabaları çağırılmıştı.

Kimsenin nikâhtan haberi yoktu!.. Hatta İzmir Kadısı nikah için çağırıldığını, köşke geldikten sonra benden öğrenmişti. Gazi Paşa "böyle olsun" istemişti... Böyle de yapıldı!...

Bence bu nikâhın en büyük özeliği, medeni kanundan çok önce yapıldığı halde, sonradan medeni kanuna girecek olan nikâh biçimini başlatması idi...

Konukları, Muammer Bey ve Latife'nin kardeşleri ile ben karşılıyordum.

Ben özellikle Mustafa Kemal Paşa'nın konuklarını nikâhın yapılacağı odaya alıyorken, Uşakizadelerin konukları da bitişikteki odada toplanıyordu. Yukarıda Latife hazırlanıyor, Gazi Paşa ile Karabekir ve Fevzi Paşalar odalardan birinde sohbet ediyorlardı...

Kadı'ya ne maksatla çağırıldığını anlattığım zaman şaşaladı. O zamana kadar nikâhta kadın erkek bir arada konukların içinde bulunmazlar, kaç-göç olduğu için nikâhı kıyacak olan hoca, kapının arkasındaki kadına evlenmeyi isteyip istemediğini sorar ve nikâh öyle kıyılırdı...

Gazi Paşa'nın, nikâhın herkesin arasında kıyılmasını istediğini söylediğim zaman duraksadı ve sonunda kabul etti...

Kadı, törene başlamadan önce benden "Mihri Müeccel"*in ne olacağını sordu.

Ben de Paşama sordum:

- On dirhem gümüş... demez mi?..

---

* Medeni kanundan önce yapılan geleneksel evliliklerde erkek, evleneceği kadına altın veya gümüş bir miktar para öderdi. Buna "Mihri Muaccel" deniyordu. Yani "Önce Verilen" demekti. Bir de geçim olmaz, erkek kadını boşarsa, bir çeşit tazminat anlamında "Mihri Mueccel" ödemesi vardı. Medeni kanunla bu gelenek tarihe karışmıştır.

Latife Hanım Atatürk'le birlikte

Bu miktar, en fakir insanın vermeyi benimsediği para idi. Kâzım Karabekir Paşa, Gazi Paşa'ya:

- Aman Paşam, ucuza kapatıyorsunuz!.. dedi.

Az sonra Muammer Bey gelip bana haber verdi, ben de Paşa'ya bildirdim..

- Latife Hanım hazır Paşa hazretleri!..

Gazi Paşa, arkadaşlarına baktıktan sonra ayağa kalktı. Salona çıktıkları zaman Latife, annesi ve kardeşlerinin arasında duruyordu...

Vücudunun hatlarını belli etmeyen bol bir füme esvap giymişti...

Saçlarını mor bir eşarp ile örtmüş, mor eldivenler giymişti; elinde bir beyaz gül tutuyordu...

Mustafa Kemal Paşa'nın üstünde lacivert kruvaze bir elbise vardı. Aynı renkte, içinde kırmızı kıvılcımlar yanan bir kravat bağlamıştı. Ceketinin küçük cebinde titizlikle yerleştirildiği halde, rasgele konmuş gibi görünen keten bir mendil vardı. Gri, astragan bir kalpak giymişti.

Paşalar tören esvaplarının içinde pırıl pırıl ve arkasındaydılar...

Mustafa Kemal Paşa, sağ elini Latife'ye uzattı. Latife, bir adım ileri çıktı. Gazi Paşa, Latife'yi sağ yanına alarak yürümeye başladı. Paşalar, ardından izliyorlar, onların ardından da Muammer Bey, eşi ve çocukları geliyordu. Nikâhın kıyılacağı odanın kapısına gelince içerdekiler hep birden ayağa kalktılar. Öteki odadakiler de bu odaya geçmişlerdi.

Ortada büyük ve uzun bir masa vardı. Bugün nikâhlarda gördüğümüz biçimde kenarlarına sandalyeler sıralanmıştı. Kadı, cübbesini toplayarak sandalyesine oturdu. Mustafa Kemal Paşa ile Latife de karşısına yan yana oturdular. Fevzi Paşa, masanın soluna, Gazi Paşa'dan yana oturmuştu. Ben de Vali Abdülhalik Bey'i alıp Latife'den yana, sağdaki sandalyeye oturttum.

Mustafa Kemal Paşa, İzmir Kadısı'na dönerek:

- Efendi hazretleri!.. Biz, Latife Hanım ile evlenmeye karar verdik, lütfen gerekeni yapar mısınız?.. dedi.

Kadı, yüzünü Latife'den yana çevirerek sordu:

- Hanımefendi... On dirhem gümüş mihri muaccelle ve aranızda kararlaştırdığınız mihri müeccelle şu anda hazır bulunan Gazi Mustafa Kemal Paşa ile evlenmeyi kabul ediyor musunuz?..

İşte an bu an Latife'nin titrek sesi işitildi:

- Kabul ediyorum...

- Gazi Mustafa Kemal Paşa hazretleri!.. On dirhem gümüş mihri muaccel ve aranızda kararlaştırdığınız mihri müeccel ile Uşakizade Adviye Hanımefendi ve Muammer Beyefendi'nin kızları Latife Hanımefendi ile evlenmeyi kabul ediyor musunuz?..

- Kabul ettim!..

- Bende sizi Allah indinde ve insanlar arasında makbul olmak üzere karı koca ilan ettim! Burada hazır bulunanları bu evlenmenin, her iki aileye saadet getirmesi ve memleket için hayırlı olması için duaya davet ediyorum...

Kadı, böyle söyleyerek cübbesinin kollarını sıvadı ve ellerini uzatarak duaya başladı...

Salonda mutluluk gözyaşı dökmeyen hemen hiç kimse yoktu. Ben, bir kenarda sanki hem oğlum hem kızım evlenmiş gibi, yağmur misali boşanmamak için kirpiklerimi hızla açıp kapatıyor, başka şeyler düşünmeye çalışıyordum...

"Zafer müjdesi.."

Evlenme törenini bu kadar ayrıntılarla anlatmamın nedeni yukarıda da söylediğim gibi, bugünkü evlenme törenlerine temel olduğu içindir. İlk akşam, birlikte yenen aile yemeğini de kısaca anlatarak bu konuyu kapatayım...

Nikâh konukları birer ikişer dağıldılar. Gazi Paşa ve arkadaşlarıyla, Uşakizade ailesi kalınca Mustafa Kemal Paşa'nın sesi duyuldu:

- Hadi bakalım Latife, göster kendini!.. Konuklarımıza düğün sofrası döşenecek!.. Fevzi Paşa hazretleri: "Gelin hanımın marifetini görelim." diyor...

Fevzi Paşa "Aman Paşa hazretleri, bu akşam da böyle şaka olur mu?" diye Latife'nin mutfağa inmesini önlemeye çalıştı ama, Gazi Paşa kıs kıs gülüyor ve "Askerin karısı, düğün gecesi de olsa, mutfakta gerek!.." diye şakasını sürdürüyordu. Latife, çarçabuk elindeki eldivenleri çıkardı, elindeki tek beyaz gülü Gazi Paşa'nın kucağına koydu ve bir serçe hafifliği ile sekerek odadan çıktı.

O akşam, Latife'nin elleriyle kurulan sofra sade, fakat çok güzeldi... Gazi Paşa, sofrada sağ başına Latife'yi, sol başına Adviye Hanım'ı almıştı. Latife'nin yanında Kâzım Karabekir Paşa, Adviye Hanım'ın yanında Rukiye ve Muammer Bey oturmuş; Fevzi Paşa'nın yanı başına da Vechiye ile Orhan yerleşmişti. Gazi Paşa memnun ve her zamanki gibi, konuşkandı. Kâzım Karabekir Paşa'ya, İzmir'e giderken Turgutlu'da rastladığımız bir olayı anlatıyordu:

"Turgutlu'ya geldik. Yanımda Fevzi Paşa hazretleri, bizim İsmet (İnönü), Nuri (Conker), Ruşen Eşref (Ünaydın), Salih (ben) var. Baktık, Turgutlu'nun kenarında bir kilise... Kubbesine Türk bayrağı çekilmiş, kapısı kapalı, öylece duruyor. Bizden korunmak için mi, bize yaranmak için mi bu bayrağı kubbeye dikmişler diye düşünürken, birden bir bomba patladı!.. Kilisenin bir duvarı çöktü ve çökmesiyle birlikte de koca bina yanmaya başladı. Saatli bir bomba kullandıkları anlaşılıyor. Belki de Türk bayrağı çekerek merak uyandırmayı ve içeri giren olursa, kilise ile birlikte havaya uçurmayı düşünmüş olacaklar. Hemen bütün Turgutlu halkı ile birlikte, biz de durup yangını seyretmeye başladık...

"Alevler, kubbenin kurşunlarını ısıttıkça kurşunlar bükülüp kabarıyor, kullanılan tahta malzeme çatırdayarak yanıyor... Fakat hepimizin gözü, kubbenin tepesindeki bayrakta!..

"Hiçkimse, kubbenin tepesindeki bayrağın gözümüzün önünde yanmasına razı değil!.. Ama çare yok! Alevler yükseldi, yükseldi, kubbenin tepesine geldi. Hepimiz: 'Bayrak ha tutuştu ha tutuşacak' diye bekliyoruz... Birden akıl almaz bir şey oldu!.. Alevler, bayrağı tutan ipi yakınca, sıyrılan bayrak, esen rüzgârla şişip havada uçmaya başladı. Bütün göğüslerin bir "Oooohh!.." sesiyle boşaldığını kulaklarımla duydum. Bayrak uçtu, uçtu bir çınar ağacının dalları arasına takılıp kaldı.

"Ben; fala, keramete inanmam!.. Fakat ne yalan söyleyeyim, bayrağın bir ucundan olsun yanmadan koca çınar ağacına düşmesini, doğrusu zafer müjdesi saydım. Ertesi gün İzmir'deydik!.."

Gece yarısına doğru Paşalar izin istediler. Mustafa Kemal Paşa, onları kapıya kadar uğurladı. Az sonra da Uşakizadeler kalktıkları için, hepimiz uykuya çekildik...

İşte Uşakizade Latife, böylece, Latife Mustafa Kemal oldu...

Değişen Latife Hanım ve tartışmalar...

Evlilik, Mustafa Kemal Paşa'nın hayatında hemen hiçbir şey değiştirmemişti... Fakat, Uşakizade Latife, Latife Mustafa Kemal olunca, gözle fark edilecek kadar değişti. Kendisini bunca desteklediğim ve evliliğini az çok bana borçlu olduğu halde, bana bile biraz yukardan bakıyor, buyruklarının hemen yapılması konusunda titizleniyor, bazen de hırçınlaşıyordu... Benim tek bir şikayet sözü söylemeye hakkım olmadığı için susuyordum!..

Latife Hanım, Çankaya'ya yeni bir düzen vermekle işe başladı. Aslında bu onun doğal hakkı idi. İçinde oturduğu evi, kendi zevkine göre döşeyecekti. Fakat o evde oturan biri daha vardı. Ve Çankaya, bu insanın hayatına göre düzenlenmişti!.. Oysa Latife, bunların hiçbirine dönüp bakmadan her şeyi alt üst ediyordu... Sonunda sıra Gazi'nin çalışma odasına gelince, Mustafa Kemal Paşa, sesini yükseltmişti:

- Bak, benim çalışma odama dokunma!.. Ben de senin yatak odana dokunmayayım... Anlaştık mı?..

Gazi Paşa'nın konukları, ziyaretçileri vardı. Bunlar için gerekli bilgi yaverliğe bildirilmişti. Kimin yaverlikte bekleyeceği, kimin salona alınacağı, kimin geri çevrileceğini nöbetçi yaver düzenlerdi... Latife, bu işlere de karışmak istedi. Kim olursa olsun, bütün konuk ve ziyaretçilerin yaverlik odasında bekletilmesini ve teker teker içeriye alınmasını istiyordu...

Gazi Paşa'nın sesi yine yükseldi:

- Benim yaverlerim, kimin nerede oturacağını bilirler! Sen bu işlere küçük burnunu sokmayacaksın!..

Ancak, Gazi Paşa'nın bu sıcak uyarıları, günler süren küslüklere, dargınlıklara neden oluyordu!..

Mustafa Kemal Paşa ile bir akşam geldiğimiz zaman, yemek salonunun bir köşesinde bir cazbandın yemek müziği çaldığını, garsonluğa zor alıştırılmış erlerin ellerine beyaz birer beyaz eldiven giydirilmiş bulunduğunu gördük... Latife, Mustafa Kemal Paşa'nın önüne çıkıp marifetini gösteriyordu:

- Görüyor musunuz Paşam ne güzel oldu?..

Gazi Paşa, gördüklerinden memnun olmamıştı. Latife'yi de bizim yanımızda kırmak istemiyordu. Soruyu duymazlıktan geldi. Fakat Latife, hakarete uğramış insanların öfkesiyle Gazi'ye bir daha sordu:

- Siz beni dinlemiyor musunuz?.. Deminden beri soruyorum, değişiklikleri beğendiniz mi, diye... Karşılık vermiyorsunuz!..

Gazi, tıka basa öfke dolu bir sesle:

- Ha, değişiklikleri soruyorsun, öyle mi?.. Artık yemeklerde davul zurna mı çalacak?.. (Bana döndü) Salih, bu çocukları geldikleri yere gönder. Gramofon, bize yeter de artar bile!...

Ordudan derlenen bu cazbandı yerlerine gönderdim ve her zaman olduğu gibi gramofona bir plak koydum.

Atatürk, Latife Hanım ve Salih Bozok bir yurt gezisinde

Asıl pandomima, yemek sırasında başladı. Ucuz lokantalarda çıraklık eden erlerden seçilmiş garsonlar, eldivenlerle hiçbir şeyi tutamıyorlar, hatta doğru dürüst yürüyemiyorlardı. Hele bir turşu kesesi, Kılıç Ali'nin kucağına devrilince Gazi, bir kahkaha kopardı:

- Her şey iyi, hoş ye Latif, dedi; bu çocuklar eldivenlerle yapamayacaklar... Gel bunlar, yine eskisi gibi servis yapsın!..

Ben de arkadaşım Kılıç Ali'ye:

- Gece eve gidince, yengem turşunu çıkarır, merak etme!.. diye takılıyordum.

Beyaz eldivenli garson hikâyesi de böylece tatlıya bağlandı...

Aslında bunların hiçbiri önemli değildi. Her evlilikte böyle birtakım çatışmalar, zevk ayrılıkları olur. Gazi Paşa ve Latife Hanım arasındaki evliliğin en büyük tehlikesi, akşam sofralarına "kimin çağrılacağı", sofranın "kaçta bitirileceği" gibi konularda sözünü yürütmeye kalkmasıydı! Çünkü Mustafa Kemal Paşa için sofra, yemek yenilen, içki içilen yer değil; politika yapılan yerdi. Fikirler sofrada pişer, sofrada değerlendirilir, eylemler sofrada planlanırdı. Bu yüzden, Mustafa Kemal Paşa'nın sofrasına ilişmek, can eviyle oynamak demekti...

İlk anda Latife Hanım, düzenli olarak akşam sofralarında bulundu. Konuşmalar uzadığı ya da kendisini ilgilendirmeyen ayrıntılara döküldüğü zaman, yukarı odasına çıkar, kitap okurdu. Sonraları, sofraya seyrek inmeye başladı. İndiği zaman da fazla kalmıyor, hele Gazi Paşa, yalnız kendi arkadaşlarıyla beraberse, hemen odasına çıkıyordu. Latife Hanım, sofra bakımından böyle belirsiz ve ilgisiz bir dönem yaşadı.

Sonraları, akşam sofralarını, kendi ölçülerine göre bir düzene sokmak hevesine düştü. Haftada bir akşam Mustafa Kemal Paşa kendi yakın arkadaşlarıyla oturup içki içecek; bir akşam da politika bakımından görüşülmesi gerek arkadaşlarıyla buluşacak, isterse içecek ve geri kalan akşamlarda Latife ile baş başa içkisiz yemek yiyecek, karı koca, sabah gezmelerine çıkacaktı!..

Gazi Paşa, bu öneriyi şiddetle reddetti ve akşam sofralarını inadına daha geç saatlere kadar uzatmaya başladı!..

Fakat sofraların uzaması inatlaşmasına karşı Latife, yeni bir silah bulmuştu: Sofra, saat 23'ü geçince, sofranın üstüne rastlayan odaya giriyor, topuklu pabuçlarıyla tepinmeye başlıyordu!..

Bu silahı kullanırken konukların kimliklerini hesaba almıyor, çok önemli bir konuğun yanında da topuk sesleri gecenin bir vaktinde ortalığı tutuyordu!.. Mustafa Kemal Paşa'nın bu rezaletten kurtulmak için baş vurduğu küsmeler, gözdağı vermeler, hırçınlıklar beş para etmedi. Paşa, ne yaparsa yapsın, Latife bildiğini okuyordu!..

Elbette en çok üzülen bendim!..

Bu yüzden, yaptıklarının iyi karşılanmadığını, herkesin kendisini ayıpladığını çıtlatacak oldum, cehennem gibi parladı:

- Zaten Paşa'yı siz baştan çıkartıyorsunuz!.. Siz ve sizin gibi birkaç –arkadaş dediği– can düşmanı olmasa, akşamları baş başa yemeğimizi yer, insan gibi karı koca sohbet ederdik!..

Suçlama ağırdı...

Paşa'ya söyleyemezdim yanıp yakınamazdım...

Suç benimdi. Cezamı çekmeliydim!..

Atatürk, Latife Hanım ve Kâzım Karabekir Paşa Balıkesir'de (8 Şubat 1923)

"Bütün Adana alt katta bizi dinliyor!.."

Birinci TBMM, kendisini feshedip yeni seçimlere gidilince, Mustafa Kemal Paşa bir yurt gezisine çıkmayı kararlaştırdı. Gezi Konya, Adana, Mersin'i kapsıyordu...

Geziye Mareşal üniformasıyla çıkıyor, yanına karısını da alıyordu. Gezinin politik amaçları olmasa Gazi Paşa, sivil elbiseleri üstünden çıkarmaz, tantanalı Mareşal elbisesiyle görünmeye karar vermezdi...

Trenle yola çıkmıştık. Paşa'nın yanında arkadaşları da vardı. Latife'ye:

- Ben restorantta olmak zorundayım, arkadaşlarım var. Sen istersen restoranta gel, istersen kompartımanda dinlen... dedi.

Latife, güçlük çıkarmadı:

- Ben kompartımana gider, etrafı seyrederim...

Öyle yaptılar. Biri kompartımanın, biri restoranın yolunu tutu. Fakat, Latife'nin yol boyu neşesizliği hemen herkesin dikkatini çekmişti. Mustafa Kemal Paşa bana bir aralık:

- Nesi var?.. Kaygılı görüyorum!.. dedi.

Ben önemsemedim:

- Yol yorgunluğudur Paşam... Bir süre sonra o da bizim gibi alışır!..

Ama, Latife'de, yol yorgunluğundan öte bir huzursuzluk vardı. Ne olduğunu bir türlü anlayamadık!

Sonunda Adana'ya geldik. Tren bayraklar ve çiçeklerle donatılmıştı. Yine bayraklar ve çiçeklerle donatılmış Adana istasyonunda mahşer gibi bir kalabalık kaynaşıyordu. Bu kadınlı erkekli çoluklu çocuklu kalabalık, tek bir irade halinde Mustafa Kemal Paşa'yı görmek, kucaklamak istiyordu.

En önde genç kadınlar ve kızları Vali ve şehrin ileri gelenleri duruyordu.

Vagonun kapısı açılır açılmaz, Mustafa Kemal Paşa adımını atar atmaz, genç kızlar ve kadınlar boynuna atılıp yanaklarını öpmeye başladılar. Arkasından gelen Latife Hanım bu görüntü karşısında donmuş, ne ileri gidiyor ne geri geliyordu. Ben kendisini kolundan tutup vagondan indirdim. Halkı yara yara ilerledik. Şimdi Mustafa Kemal Paşa'yı öpen kadınlar ve kızlar Latife Hanım'ı kucaklıyorlardı. Protokol mrotokol kalmamıştı. Kalabalığın içinden santim santim yürüyorduk!

Adanalılar kapının önüne açık bir otomobil getirmişlerdi. Gazi Paşa ile Latife Hanım'ın otomobile binmesi gerekiyordu. Güç bela, önce Mustafa Kemal Paşa, ardından Latife Hanım bindiler ve otomobil, halkın arasından güçlükle yol bularak ilerliyordu. Bu koşullar içinde konaklayacakları eve varıldı.

Latife Hanım, öfke ile dolup taşıyordu!..

Mustafa Kemal Paşa, Latife'nin öfkeden kapkara kesilmiş gözlerini, pençe pençe kızarmış yüzünü görünce, Valiye veda etti ve dinlenmek için eve girdiler. Kendileri için hazırlanan daireye gelince Latife Hanım'ın ciyak ciyak sesi, yalnız bütün evi değil, bütün mahalleyi doldurdu:

- Sen bana herkesin içinde nasıl hakaret edersin?..

- Fakat...

- Fakatı makatı yok... Ben senin karın mıyım, değil miyim?.. Nasıl oturtursun beni arabanın solunda!..

Atatürk, Latife Hanım ve Kâzım Karabekir Paşa bir yurt gezisinde çocuklarla

Mustafa Kemal Paşa ile birlikte eve girenler, daha evi boşaltmadıkları için, bu konuşmaları herkes dinliyordu. Ben de dinleyenler arasındaydım. Kılıç Ali atik davranmış, içerdekileri boşaltmaya çalışıyor ve kapıları kapatıp bu çirkin konuşmanın, duyulacaksa daha az kişi tarafından duyulmasını sağlamaya çalışıyordu. Latife'nin hırçın sesine karşı, Gazi Paşa, elverdiğince rahat görünmeye çalışarak kendisine karşılık vermeye çalışıyordu:

- Yanlış değerlendirmeler yapmışsın Latif... Sana bu gezinin resmi bir gezi olacağını söylemiştim!..

- N'olmuş gezi resmi ise?.. N'olmuş Mareşal üniformasıyla çıkmışsan?.. Bana hakaret etmek için gerekçe mi bunlar?..

- Lütfen yavaş konuş... Bütün Adana, alt katta bizi dinliyor!..

- Bütün Adana değil, bütün Türkiye, bütün dünya dinlesin... Hayır, bana hakaret edemezsin!...

Sonra Latife'nin hıçkırıkları duyuldu. Bir süre sonra Gazi Paşa, merdivenleri indi ve evin bahçesindeki bir ağacın altında sıraya oturdu. Kılıç Ali ile tavla oynadılar...

Bir saat sonra Latife indiği zaman uysallaşmış, gülümsüyordu. Hiçbir şey olmamış gibi Gazi Paşa'nın yanına oturdu ve Türk Ocağı'na yapılacak ziyarete birlikte gittiler...

Bu geziden sonra Latife, "milletvekili olacağım" diye tutturdu. Kadınların oy verme hakkı yoktu ve elbet seçilemezdi!.. Fakat Gazi Paşa'yı sıkıştırıyor, kadınlara oy hakkı tanınmasını ve seçme hakkı ile birlikte seçilme hakkının da verilerek milletvekili olmasının sağlanmasını istiyordu!..

Bir zaman, bunu "sorun" yaptı... Küstü, yemekler inmedi, konukları karşılamadı, tepindi; ve seçimlerden sonra, hiçbir şey olmamış gibi günlük hayatını sürdürmeye başladı...

"Fikriye'nin gözü malda mülkte değil!.."

Fikriye, sanatoryuma gideli beri haftada bir iki mektup yazıyordu. Gazi Paşa, bu mektuplara karşılık yazılmamasını buyurduğu için, bazılarını açmadan, olduğu gibi bir köşede biriktiriyordum...

Köşkte bulunmadığım bir günün akşamı Fikriye, Latife Hanım'ı görünce bozulmuş!.. Ne yapacağını bilememiş... Ağzı dili kitlenmiş önce; sonra "Mustafa Kemal Paşası" tekrar Fikriye'ye "Hoş geldin Fikriye." deyince konuşmaya başlamış. Latife ile Paşa'nın ellerini sıkmış, neredeyse Paşasının boynuna atılır gibi yaptığı için, Paşa geri çekilmiş!.. Sonra oturup konuşmuşlar. Yemeği birlikte yemişler. Mustafa Kemal Paşa Fikriye'ye sanatoryumdan vakitsiz çıktığı için önce sitem etmiş, ama daha sonra: "Olmuşla, ölmüş üzerinde konuşulmaz... Her neyse, şimdi senin durumuna bakalım." deyip sözü kapatmış... Yemekte kendisine Erenköyü'nde bir ev tutulması için gerekenlerin buyrulacağı, evin çok güzel dayanıp döşeneceği, para bakımından hiçbir sıkıntı çekmeyeceğini söylemiş... Fakat, hiç ilgilenmemiş bu sözlerle Fikriye... Başını tabağına eğip sade dinlemiş ve ara sıra, kara gözlerini kaldırıp kaldırıp, Gazi Paşa'ya uzun uzun bakmış!..

Ertesi sabah Ali Çavuş'u görevlendirip İstanbul'a dönmesi için dil dökmesini istemişler!..

Ali Çavuş, Mustafa Kemal Paşa'nın yanına gözleri yaşlı

dönmüş..."Yok Paşam," demiş, "Fikriye'nin gözü malda mülkte değil!.."

Latife, bir şey icat edip Fikriye'yi tedirgin etmenin yolunu bulmuştur ya, gerisini Gazi Paşa da bilmiyor ben de bilmiyorum!..

Fikriye'nin köşkte olduğunu duyunca, kendisini görmek istedim. Odasına giderken nereden çıktı bilmiyorum, Latife Hanım ile karşılaştık. Niyetimi söyleyince:

- Yorgun, hasta, tükenmiş; uzun zaman uykusuz da kalmış anlaşılan. Dün geceden beri uyuyor. Hiç tedirgin etmeyin kadıncağızı... dedi.

Fikriye'ye karşı bu kadar iyi olmasına şaştım şaşmasına ya, bana numara yaptığı aklıma gelmemişti...

Fikriye dramı...

O akşam Gazi Paşanın sofrasında yabancı yoktu. Kılıç Ali, Recep Zühtü, Nuri Conker ve ben vardım. Latife gelmemişti. Gazi Paşa, Fikriye'nin dün geldiğini anlattı ve ne yapacağını kestiremediğini söyledi. Latife'nin Fikriye'yi baskı altına aldığını söylemiyor, fakat Fikriye'nin bir an önce köşkten ayrılmasının zorunluluğundan konuşuyordu...

İşte tam bu sırada Fikriye göründü ve hepimizi başı ile selamladıktan sonra her zaman oturduğu yere oturdu. Kimseye hiçbir şey söylememişti. Başını tabağına eğmiş, bir şeyler yiyor gibi yapıyor, ama ağzına bir şey koymuyordu.

Bir ara Gazi Paşa:

- Günün nasıl geçti Fikriye?.. dedi.

Ardından hepimiz ayrı ayrı sorularla Fikriye'yi konuşturduk. Fikriye, zorla konuşuyor bir daha görmeyecekmiş gibi yüzlerimize uzak uzak gurbet gibi bakıyordu!...

Hiç kimse, Fikriye'ye ciddi bir soru sormadı; sanki her akşam sofrada imiş gibi davranıyorduk. Ama Fikriye, sofrada var olmadığını biliyordu! Bir ara başını kaldırıp Mustafa Kemal Paşa'ya baktı ve konuştu:

- Paşam!.. Paris'ten size küçük bir şey almıştım fakat valizlerimden biri Haydarpaşa'da trene konmamış. Acaba bulunması için emir verir misiniz?..

Kılıç Ali atıldı:

- Hiç merak etmeyin Fikriye Hanımefendi. İstasyon müdürü arkadaşımdır. Şimdi telefon ederim, yarın valiz elinizde olur...

Gazi de ilgilendi ve Kılıç Ali'ye:

- Peşini bırakma. Hemen şimdi telefon et!...

- Başüstüne Paşam!...

Sonra Mustafa Kemal Paşa, Fikriye'ye döndü:

- Neden zahmet ettin Fikriye?.. Kendine bir şey alsaydın daha memnun olurdum.

- Aman Paşam, değersiz bir şey... Görünce sizi anımsadım da...

Mustafa Kemal Paşa, içtenlik ve çaresizlik dolu yumuşak bir sesle:

- Teşekkür ederim... dedi.

Fikriye, sofranın havasını bozduğunun farkına vardı usulca kalktı. Paşa'yı ve bizi başıyla selamlayıp gölge gibi çekilip gitti...

Ertesi gün Fikriye, Paşasına Paris'ten aldığı smokinleri

Ali Çavuş'la gönderdikten sonra İstanbul'un yolunu tutmuş... Hepimiz, işin böylece kapandığına seviniyorduk. Fikriye, İstanbul'da bir akrabasının yanında kalıyordu. Maddi olarak rahatı iyiydi. Mustafa Kemal Paşa da bu akrabasına yardım ediyordu...

Aradan ne kadar zaman geçti, şimdi anımsamıyorum, belki bir hafta belki on beş gün; Fikriye bir sabah yeni baştan Çankaya'ya gelmiş..."Mustafa Kemal Paşa'yı göreceğim." diye tutturmuş... Yaver Rusuhi, Latife Hanım'dan tembihli olduğu için içeri almak istememiş...

Fikriye, direnmeye kalkmış ama, sökmeyeceğini anlayınca tuvalete gitmek istemiş... Bırakmışlar... Fakat epey zaman geçtiği halde tuvaletten çıkmadığı görülünce, kapısı açılmış; Fikriye, çantasını kapatmakta iken, çantada bir silah olduğu görülmüş... Çantada silah bulununca, biraz da zor kullanarak zavallı Fikriye'yi kapının önüne koymuşlar... Bir fayton bulmuş orda Fikriye; binmiş, istasyona gideceğini söylemiş arabacıya. Yokuştan aşağı inerken arabacı arkasında bir silah sesi duymuş, dönüp baktığı zaman, müşterisinin kanlar içinde arabadan yola yuvarlandığını görmüş!..

Fikriye hikâyesinin böyle bir dramla sona ermesi, Mustafa Kemal Paşa'yı olduğu kadar, onu tanıyanları da çok üzdü... Ben, ne zaman Fikriye'yi düşünsem içimde taze bir yaranın kanadığını duyarım...

Erzurum depremi...

Fikriye dramının hemen arkasından Latife Hanım'la Mustafa Kemal Paşa arasında bir kavga patlak verdi. Hele bu kavga ne kadar bir sebebe dayanıyorsa yankısı o kadar büyük olmuştur. Paşa'nın anlattığına göre, Fikriye'nin kendisini vurması, onu da sersemletmiş!.. Bir türlü avunamıyormuş. Bir gün, yeni doğmuş köpek yavrularıyla oynarken neşelenir gibi olmuş. Köpek yavrularının, bazen birbirlerinin, bazen annelerinin üzerinde halıya düşmeleri, halıdan kalkmak için küçücük ayaklarıyla -havayı döverek- debelenmeleri onu güldürmüş... Latife'ye göstermek istemiş bu güzelliği; fakat "Latife" diyecek yerde, ağzından "Fikriye" çıkmış... Bu, yatak odalarının ayrılmasına kadar varan bir kavga nedeni oldu. Bununla da sonuçlanmadı, Latife bir telgraf çekerek anne ve babasını Ankara'ya çağırdı...

Bu olayın ayrıntılarını pek izleyemedim. Fakat sanırım Muammer Bey'le, Adviye Hanım, kızlarından yana çıkacaklarına, Mustafa Kemal Paşa'dan yana çıkmışlar ve olay böylerce kapanmış...

Bütün bu olaylar, çok yoğun politika dalgalanmaları içinde gelişiyordu...

Bu söylediğim dönem içinde Cumhuriyet ilan edilmiş, tekke ve zaviyeler kapatılmış, özel sektörü yaratacak İş Bankası kurulmuş, birçok devrimler gerçekleştirilmişti. Latife Hanım, işte bu yoğun ülke sorunları içine sokuluyor ve köpek yavrusu sevmek dalgınlığından, kocaman kavgalar yaratıyordu...

9 Ağustos'ta İzmir'de olacaklardı. Latife, Uşakizade değil de, Latife Mustafa Kemal olarak İzmir'de görünmek sevdasındaydı. Durum elverişliydi. Mustafa Kemal Paşa da Cumhurbaşkanı olarak ilk gezisine çıkacaktı. 30 Ağostos'ta Dumlupınar Şehitliği abidesinin temel atma töreni yapılacaktı. Gazi Paşa, hem bu törende bulunmak, hem birkaç gün Bursa'da kalmak, sonra da 9 Eylül İzmir kurtuluş şenliklerine

katılmak için, Latife Hanım'la birlikte -bizi de alarak- yola çıktı…

Yaz bitmiş, güzel bir sonbahar başlamıştı. Bursa'da sonbaharın güzel birkaç gününü yaşadık. O sıra Hamidiye kruvazörü, Mudanya iskelesine yanaşmış, erzak gereksinmelerini tamamlıyordu. Gazi Paşa "Haydi Mudanya'ya gidip Hamidiye ile bir Marmara turu yapalım." dedi, hepimiz coşkunlukla öneriyi benimsedik. Güzel bir eylül güneşi altında, Marmara'nın uslu sularını köpürterek yapılan bu gezi, Latife'yi de bizi de çok eğlendirmişti. Latife, hayatında ilk kez bir savaş gemisine bindiği için, orasını burasını geziyor, her yeni şeyin karşısında kadınca bir çığlık atıp hepimizi neşelendiriyordu. Birkaç saat içinde Marmara'nın altını üstüne getirmiştik. Ama hiç kimse Mudanya'ya dönmek istemiyordu. Gazi Paşa, hepimizin duygularını dile getiren bir öneride bulundu:

Geziyi sürdürelim, dedi; İstanbul'a uğramadan doğru Karadeniz'e… Kıyı şehirlerini gezer, halkla konuşuruz.

Hepimiz, hatta Latife bile alkışlarla karşıladık bu sözleri... Vakit akşama yaklaşıyordu. Güvertede büyük bir sofra kuruldu. Kadehler doldu, batan güneşe karşı şarkılar söyleyerek Karadeniz'e açıldık…

Mustafa Kemal Paşa tutturmuştu:

"Karadeniz, Karadeniz,

Gelen düşman değil, biziz."

Şarkıya hepimiz katıldık. Bir cümbüştür gidiyordu. Kıyı kasabalarına, şehirlerine uğruyor, Gazi Paşa halkla konuşuyor, biz çarşı pazardan öteberi alıp gemiye dönüyorduk. Bu, Trabzon'a kadar böyle sürüp gitti. Ama Trabzon'da bizi tatsız bir haber bekliyordu: Erzurum'da bir deprem olmuş, evler çökmüş, insanlar ölmüştü... Yıkıntı büyüktü...

Atatürk, Latife Hanım ve Salih Bozok, Erzurum vali konağından çıkarlarken (9 Ekim 1924)

Mustafa Kemal Paşa:

- Hemen Samsun'a dönelim. Oradan deprem bölgesine geçelim, dedi. Öyle yaptık…

O akşam içki içilmedi. Gazi Paşa, hemen gereken yörüngeyi bana verdi:

- Üçüncü Ordu Müfettişi Cevad Paşa'yı telgraf başına çağır. Depremde yaralanmış vatandaşlarımızı hemen ordu sağlık kurulları, bakım altına alsın. Evi yıkılmış vatandaşlara ordu çadırları verilsin... Ordu gezgin fırınları hemen deprem bölgesine gönderilip halka ekmek pişirmeye başlasın… Erzurum Valiliği ile sıkı bir işbirliği kurulsun ve gelişmelerden beni haberdar etsin...

Hamidiye kruvazörü, bir anda Başkomutanlık karargâhı haline geliverdi. Telsiz, sürekli olarak işliyor, tamamlayıcı haberler geliyor, buyruklar yerine ulaşıyordu. Samsun'a geldiğimiz zaman, deprem bölgesindeymişiz gibi, her şeyi ayrıntılarıyla biliyorduk…

"Hayatımda yaptığım hatalardan biri de evlenmektir!.."

Samsun'da gemiden indik ve otomobillere bindik. Mustafa Kemal Paşa, yaver Rusuhi'yi arkadaki arabaya gönderdi ve Kılıç Ali ile beni kendi arabasına aldı. Bizim arabaya binmemiz, Latife'nin havasını bozmaya yetmişti. Mustafa Kemal Paşa'nın bizimle bir otomobilde gitmesini istemiyormuş... Çünkü Gazi Paşa, bizimle beraberken, hep bizimle konuşuyor, hatta Latife'nin varlığını bile unutuyormuş!.. Bizim bu hesaplardan haberimiz yoktu. Olsa bile, biz Gazi Paşa'nın buyruklarına nasıl karşı çıkabilirdik…

Latife hanım, yol boyu, sustu, pustu, küstü... Mustafa Kemal Paşa da bizimle çeşitli konuları konuşarak güldü, ferahladı, eğlendi...

Biri susmak ve pusmakta, biri ferahlamak ve eğlenmekte kendilerini haklı buldukları için, iki taraf da bilmeden, bir kavganın çukurunu kazıyorlardı...

Tokat'ta geceleyecektik... Geç vakit, konaklayacağımız yere geldik. Soyunup dökünmeden, bir iki nefes olsun soluklanmadan, bir el yüz yıkayarak, hemen sofraya buyur edildik. Sofra içkisizdi. Latife Hanım, Mustafa Kemal Paşa'nın yanına, Kılıç Ali ile ben karşısına oturmuştuk. Bu yüzden Latife Hanım'la da yüz yüze idik... Önce hiçbir şeyin farkında değildim. Fakat Kılıç Ali'nin dikkatini çekmiş; beni dirseğiyle dürtüp Latife'nin, yüzümüze bakmamak için bazen tavandaki budakları, bazen tabaktaki yemeğin tanelerini saymakta olduğunu söyledi. Dikkat edince ben de gördüm. Ama yapacak bir şey yoktu. Latife Hanım'ın görmemesi için başımızı masanın altına sokamazdık...

Yemek erken bitti. Kahveler içildi. Mustafa Kemal Paşa, bir süre Tokat Valisi ile konuştuktan sonra, Tokat milletvekili ve eski arkadaşı Mustafa Bey'le sohbete başladı. Latife yorgundu. Ertesi sabah da yola erken çıkılacaktı. Bunu Gazi Paşa'ya hatırlattı. Paşa "Kalkarız" dedi ama, sohbet sürüyordu. Yozgat Milletvekili Mustafa, Kılıç Ali ile benim de yakın arkadaşım olduğu için, laf lafı açıyordu.. Latife, bir süre daha bekledikten sonra, herkesin duyacağı bir sesle Mustafa Kemal Paşa'ya seslendi:

- Kemal, kalkıyor muyuz?..

Belli ki bu uyarıya Gazi Paşa sinirlenmişti. Fakat belli etmemeye çalıştı. Elverdiğince yumuşak bir sesle:

- Otur biraz... Bak, Kılıç Ali şimdi ne anlatacak!.. dedi.

Gözüm Latife'deydi. Latife, önce kıpkırmızı oldu, sonra mosmor kesildi. Kılıç Ali'yi dinlemek ne demekti?.. Sinirden tir tir titreyerek ayağa kalktı ve hiçbir şey söylemeden yukarı kata çıktı...

Latife'nin apansız sofradan kalkıp yukarı çıkması, hepimizi birden tedirgin etti. Sofrada bir sessizlik oldu. Mustafa Kemal Paşa da anlaşılan ne yapacağını tasarlamaya çalışıyordu: Kalkıp Latife'nin arkasından gitsin mi, yoksa hiç bir şey olmamış gibi otursun mu?..

Sonunda hiçbir şey olmamış gibi oturmayı yeğlemiş olacak ki, sohbete kaldığı yerden başladı. Gazi Paşa, anılarını anlatıyor, arkadaşlarının anlattıklarını dinliyordu. Ama aradan on dakika geçmeden, yukardan topuk senfonisi dökülmeye başladı. Bina ahşap olduğu için, her topuk vuruşta bir toz perdesi aşağıda oturanların üstüne çöküyordu. Hepimiz öfkelenmiştik!.. Bir kadının kocası değil, Mustafa Kemal Paşa; değil Devlet Başkanı, bir kunduracı çırağı olsa, bu yaptığı bağışlanamazdı...

Gazi Paşa, hiçbir şey olmamış gibi konuşmasını sürdürdü, biz de tedirginliğimizi içimize gömerek konuşmalara katılıyorduk. Derken, topluk konçertosunun ikinci bölümü başladı. Yaman vuruyordu doğrusu... Her topuk vuruşta tahta ev duvarlarıyla beraber sallanıyordu!..

Dişimizi sıkıp söyleşiyi sürdürdük... Biz çoktan kalkmaya hazırdık ama, Mustafa Kemal Paşa, her davranışımızda bizi önlüyor ve yeni bir anısını anlatmaya başlıyordu. Sonunda, deprem gücünde üçüncü topuk senfonisine sıra geldi. Tepindi, tepindi, sonunda yorulup sustu... Bir süre sonra yukardan hıçkırık sesleri geliyordu. Mustafa Kemal Paşa kalkmaya hazırlanırken şunları söylüyordu:

Latife Hanım Atatürk'le

- Hayatımda yaptığım hatalardan biri de evlenmektir. İşte görüyorsunuz... Ordular yönettim, Meclisler yönettim, savaşlar yaptım, kazandım ama, bir kadını yönetemiyorum. Okumuş da olsa, iyi aile de olsa, sonunda kadın, kadındır! Bir devlet adamına eş olmak, belki zor bir sanat.. Fakat bir devlet adamının eşi olarak kendisine ne yapmak düştüğünü bilmemek acıklı bir şey...

Hep birlikte kalktık. Mustafa Kemal Paşa, hepimize ayrı ayrı "iyi geceler" diledikten sonra, yaverlerine ve bize sabahleyin saat kaçta hareket edileceğini söyledi ve üst kata çıktı. Biz alt kat odalarında kalacaktık. Binada dehşetli akustik vardı. Yere bir kibrit düşürseniz, evin öte başından duyuluyordu. Bu yüzden Gazi Paşa ile Latife'nin öfkeli sözlerini hepimiz istemeyerek duymuş olduk.

Latife, bağırıyordu:

- Ben, senin değil karın, bastonun olsam, daha çok ilgi gösterirdin!.. Bu nasıl kabalık?.. Sen beni verem edip öldürmek mi istiyorsun?..

Gazi Paşa, sesinin duyulmamasına çalışarak alçak sesle:

- Latife, yeter!.. Parmağıma, zilin düğmesini aratıyorsun!.. Daha bir kelime söyleyecek olursan, seni İzmir'e gönderirim!..

Latife, daha geniş sesler çıkararak biraz ağladı ve sustu... Gerçekten hepimiz bu olup bitenlere yürekten üzüldük...

"İşte buyur, öldür!.."

Mustafa Kemal Paşa ile Latife Hanım arasındaki bu çekişme ve tartışma zaman zaman tavsayıp, zaman zaman artarak Erzincan'a geldik. Deprem Erzurum'da en büyük yıkıntısını yapmıştı ama, Erzincan da sarsılmıştı... Gazi Paşa, halkla konuşmalarına ve incelemelerine buradan başladı. Geceyi Erzincan'da geçirecek, ertesi gün Erzurum'a geçecektik. Vali, Cumhurbaşkanı şerefine bir yemek düzenlemişti. Yemeğe üçüncü Ordu Müfettişi Cevat Paşa, Ordu Komutan Ali Sait Paşa, Kolordu Komutanı Asım Paşa ve şehrin ileri gelenleri çağrılı idi. Gazi Paşa, Latife Hanım'la toplantılara geldiği için, komutanlar da eşlerini yemeğe getirmişlerdi.

Büyük bir masaya, Mustafa Kemal Paşa ile Latife Hanım karşılıklı oturdular. Latife Hanım'ın yanında, ordu Komutanı Ali Sait Paşa'nın eşi Naciye Hanım vardı; Gazi Paşa, her zaman yaptığı gibi, sofrada bulunanlarla ayrı ayrı ilgileniyor, özellikle karşısında oturan Ali Sait Paşa'nın eşi Naciye Hanım'a güzel sözler söylüyordu...

Ben, Mustafa Kemal Paşa ile Latife Hanım'ı kaygı ile izliyordum. Çünkü her iki taraf da, patlamaya hazır birer tüfek gibiydiler. Yemek, resmi havası içinde sürüyordu. Mustafa Kemal Paşa, karısı ile konuşmadığı ve konuşması halinde kötü bir durum ortaya çıkacağı için, karısının yanındaki Naciye Hanım'la ilgileniyor, konuşuyor; güzelliğini, zekasını övücü sözler söylüyor ve ben her an, Latife Hanım'ın patlamasını bekliyordum. Çünkü, mosmor kesilmişti, dişlerinin gıcırtısını iki metre öteden duyuyordum.

Bu sırada bir garson, servis için makarna tabağını uzatmıştı; Gazi, sola dönüp tabaktan makarna alırken, Latife'nin çirkin sesi duyuldu:

- Kemal, ayaklarına dikkat et!.. Bana kadar uzanıyor!..

Sofrayı bir ölüm sessizliği kapladı. Ali Sait Paşa'nın eşi Naciye Hanım, kıpkırmızı oldu... Ali Sait Paşa, Cevat Paşa'nın hafifçe gülümseyen yüzüne, kederle baktı. Gazi Paşa, bu sözleri işitmemiş gibi davrandı. Herkes tabağına eğilmiş, yemeğini yiyordu. Biz, Kılıç Ali ile göz göze geldik… Fakat ikimiz de çaresizdik...

Bir süre Gazi, "Yarın, erken yola çıkılacak." dedi ve kalktı. Ev sahibi olarak Vali'ye teşekkür etti ve ziyafet salonuna bitişik dairelerine çekildiler. Salon, kısa bir zamanda dağıldı. Yalnız, Başyaver Rusuhi, Yaver Muzaffer, Kılıç Ali ve ben kaldık; Latife Hanım'ın sesi salonları, odaları aşan boyutlar içinde çın çın ötüyordu:

- Yol boyunca kadınların boynuna sarılıp öptüğün yetmedi de, şimdi de ordu komutanlarının karılarını mı baştan çıkaracaksın?.. Utanmıyor musun?..

- Sus diyorum, sus!.. Elimden bir kaza çıkacak!..

- Susmayacağım!.. Dünyanın sonu olduğunu bilsem, yine de susmayacağım… Bıktım artık bu rezaletlerden!..

- Sus diyorum, Latife!.. Sabrımın sonuna geldin!..

- Susmuyorum!.. Öldürecek misin?.. İşte buyur, öldür!.. Susmayacağım!..

Ses kesildi… Gazi'nin sert ayak sesleri duyuldu. Bir oda kapısı açıldı, kapandı... Sonra her zaman olduğu gibi Latife'nin hıçkırıkları duyuldu ve sessizlik...

İşte insan böyle öldürülür...

Geceyi çok tedirgin geçirdim, uyuyamadım desem yanlış olmaz… Evin içinde ayak sesleri duyunca, ben de kalktım, salona geldim; bir de baktım, Kılıç Ali de benim gibi uyuyamamış, erkenden kalkmış, kahvesini içiyor. Ben de kendime bir kahve söyleyip Kılıç Ali'yle dün geceyi konuşmaya başladık. Dün akşam ki, düpedüz rezaletti!.. Bu gezi boyu olup bitenler, Gazi Mustafa Kemal Paşa'nın boyunu aşmış, devlet haysiyeti çizgisine gelmişti. Kılıç Ali ile birlikte, Latife Hanım'ı sıkılamaya karar verdik. Bu gidiş, boşanmaya ulaşacaktı...

Bu sırada Mustafa Kemal Paşa da geldi. İlk defa kahvesini içmeden, tıraş olmadan giyinip dışarı çıkmıştı. Onun da uyumadığı gözlerinden belli idi. Kahvesini söyledik ve konuşmaya başladık. Daha doğrusu o anlattı: Latife ile birlikte yatmamış, başka bir odada, divan üstünde uzanmıştı. Bu yüzden kahvesini de isteyememiş, tıraş da olamamıştı... Çok öfkeliydi. Bu sırada Latife Hanım da kalkmış, giyinmiş, salona girmişti. Gazi Paşa, Latife'nin salona girdiğini ve kendisinin bulunduğu yana yürüdüğünü görünce, kapıya doğru yürüdü ve tam kapıda, Ordu Komutanı Ali Sait Paşa'nın eşi Naciye Hanım'la karşılaştı. El sıkıştılar ve Gazi, kapının önünde bekleyen otomobili göstererek "Buyrun" dedi. Hareket edilecekti. Herkes otomobillere doğru koşuşmaya başladı. Latife Hanım da Mustafa Kemal Paşa'nın yanına gelmiş bulunuyordu. Fakat Gazi Paşa, ordu komutanının eşini arabasının sağ köşesine aldıktan sonra, kendisi de girdi ve kapıyı kapattı. Otomobil hareket etmişti. Latife, öylece kalakaldı... Hemen, Cumhurbaşkanlığı Genel Sekreteri Tevfik Bey (Bıyıklıoğlu) arabasını kapıya yanaştırdı, inip kapıyı açtı ve Latife Hanım'ı aldı; kendisi de şoförün yanına geçip Gazi'nin peşinden hareket etti...

Dün gece Latife bar bar "Öldürecek misin, işte buyur, öldür!.." diyordu ya, işte insan böyle öldürülürdü!.. Latife Hanımefendi diye bir önemli kişi varsa o, Mustafa Kemal Paşa'nın kişiliği ile besleniyordu. Mustafa Kemal Paşa, Latife Hanım'ın hayatından çekildi mi, işte sabahki gibi, kapının önünde şaşkın, perişan, kalakalırdı!..

Atatürk'le Latife Hanım bir yurt gezisinde

"Hastalığınız geçti mi?.."

Deprem, Erzurum'u gerçekten yerle bir etmiş gibiydi!..

Birkaç taş binadan başka ne varsa yıkılmış, toprağa karışmıştı!..

Hükümetin gönderdiği yardım ve Kızılay yardımları yetmemişti. Ordunun sağlık ekipleri, ekmek fırıncıları, çadırlar imdada yetişmese, büyük perişanlık olacakmış!.. Mustafa Kemal Paşa, çadırları bir bir gezdi; hastaları, yaralıları yokladı, çocuklarla ilgilendi. Bütün bu geziler sırasında Latife Hanım'la Mustafa Kemal Paşa'nın yanında bulunuyor; çocukların çenesini okşuyor, hastaları avutuyor ve bir Devlet Başkanının eşi gibi hareket ediyordu. Fakat ikisi de bir kelime bile konuşmuyorlardı...

Akşam olunca, yine Gazi Paşa ayrı bir odada yatmış ve Başyaver Rusuhi'yi çağırıp, "Latife'yi yarın sabah, hemen Ankara'ya götürmesini" buyurmuş... Rusuhi, büyük bir derdin içine düştüğünü anlamış... Çünkü bir süreden beri yakından tanıdığı Latife Hanım'a böylesine kötü bir haberi vermek ve sonra kendisini, paket gibi taşıyarak Ankara'ya götürmek, başarılması kolay bir iş değildi!..

Ayrıca yarın karı koca barışırlarsa, kendisine bu kötü haberi veren ve onu Ankara'ya götüren başyaverin başına gelmeyecek yoktu!.. Bununla beraber, buyruk buyruktur, gidip durumu Latife Hanım'a söylemiş... Latife Hanım, kıyametleri koparmış... Gitmeyeceğinde direnmiş, kendisine Gazi Paşa'nın kesin buyruğu olduğu söylenince, biraz yumuşayıp, giderse, ancak benimle gidebileceğini söylemiş...

Mustafa Kemal Paşa beni çağırdı. Durumu özetledi ve Latife'nin benden başka kimseyle Ankara'ya dönmeye razı olmadığını, onun için benim Latife ile birlikte Ankara'ya dönmemi buyurdu. Hem benimle konuşuyor hem odada bir aşağı bir yukarı dolaşıyordu. Düşünceliydi:

- Latife, daha nikâhım altındadır. Yani, Devlet Başkanının eşidir. Bu nedenle, yol boyunda bu niteliği ile karşılanacaktır. (Bir mektup uzattı) Şu mektubu da al; Ankara'ya varınca İsmet Paşa'ya verirsin!.. Gereken işlemleri yaparlar. Bu evlilik de burada biter!..

Gözlerimle, Paşa'nın sinirli mi, özgün mü olduğunu araştırıyordum. Fakat bir şey anlayamadım. Yalnız, gerektiği ölçüde "ciddi" idi.

- Hemen mi hareket edilecek?..

- Hemen, bir an önce...

- Emredersiniz...

Çıktım. Kapıda beni Kılıç Ali bekliyormuş. Durumu anlattım, o da üzüldü. Bu kadın, hepimize yapmadığını komamıştı ama, nedense yine de acıyorduk.

Kılıç Ali:

- Ben de sizinle "Kaplıcalar"a kadar geleyim, yolda hiç değilse biraz avuturuz!...

- Olur...

Bu noktada kendi kendime düşünüyordum. Eğer İzmir'de Zübeyde Hanım'ın düşüncelerini Mustafa Kemal Paşa'ya aktarsaydım, ne bu evlilik olacak, ne bu ayrılık olacaktı... Bütün kusur ve kabahat benimdi. Bu evliliği istemek ya da istememek benim ne haddime!.. Ben, çizmeyi geçmiş, boğazıma kadar yanlışa gömülmüştüm. İçimde, hem kendime hem Latife'ye karşı bir öfke, köpük köpük kabarıyordu.

Kapıyı vurup Latife'nin odasına girdiğim zaman, duyguların karmakarışıktı. Fakat kadını bir köşeye büzülmüş, yanaklarından sessiz gözyaşlarının durmadan aktığını görünce, içim sızladı;

- Gidiyoruz... dedim.

Hiçbir karşılık vermedi. Sadece güçlükle yerinden kalktı, gardırobunun kapağını açtı ve içindeki eşyaları çıkarıp yatağın üstüne atmaya başladı. Valizleri birlikte kapattık. Fakat o kadar perişandı ki, bu durumda insanların arasına çıkmamız olası değildi:

- Bir Devlet Başkanı eşi olarak, böyle sokağa çıkamazsınız. Kendinizi toparlayın lütfen!..

Sanki ben kendisine, şimdiye kadar hiç bilmediği bir şey söylemişim gibi, yüzüme baktı kaldı ve sonra birdenbire toparlanarak konuşmaya başladı:

- Değil mi?.. Ben bugün bir Devlet Başkanının eşiyim. Gözyaşları da ne oluyor?.. Toparlanmalıyım!.. Ah, Salih Beyefendi, sizi de güç durumlarda bıraktım... Bana siz beş on dakika verin, ben toparlanıp çıkarım…

- Emredersiniz hanımefendi!.. dedim ve odadan çıktım.

Kılıç Ali yanaştı:

- Ne diyor, n'oluyor?..

Birkaç sözcükle anlattım.

Kılıç Ali, Latife'ye benden çok acıyordu:

- Ben bilirim, Mustafa Kemal Paşa merhametlidir, yarın öbür gün, öfkesi geçer ve barışırlar… diyordu.

Ben de buna olasılık tanımıyor değildim. Biraz da içimin isteği buydu. Onun için Kılıç Ali ile anlaştık. O, Mustafa Kemal Paşa'nın yanında kalacak ve Latife Hanım hakkındaki durumunu izleyecekti. Eğer yumuşar, yaptığına pişman görülürse, bana hemen: "Hasta iyileşti" diye bir telgraf çekecekti... Eğer ben merak eder, durumu yoldan öğrenmek istersem, ona: "Hastalığınız geçti mi?" diye telgraf çekecektim. Böylece anlaştık...

"İzin ne kelime!.."

Kısa bir süre sonra, kapı açıldı ve Latife Hanım çıktı. Olacak şey değil!.. Biraz önceki perişan kadın gitmiş, yerine görkemli bir hanımefendi gelmişti... Kılıç Ali'yi başıyla ve gülümseyerek selamlarken bana sordu:

- Arabamız hazır mı Salih Beyefendi?..

- Evet, bir dakika hanımefendi... dedim.

Çünkü Mustafa Kemal Paşa, ayrılmadan önce karısını görmek ve yolcu etmek istemişti. Haber vermem gerekti. Latife Hanım'ı Kılıç Ali ile otomobile doğru uğurlarken, Mustafa Kemal Paşa'ya koştum ve yolcunun gitmek üzere olduğunu haber verdim. Hemen kalktı ve otomobilin kapısına kadar gelip Latife'yi selamladı. Kılıç Ali'nin de beraber olduğunu görünce sordu:

- Kılıç da gidiyor mu?..

- Hayır Paşam, ben Kaplıcalara kadar yol arkadaşlığı yapacağım, oradan buraya döneceğim... dedi.

Gazi Paşa, karısına yarı resmi, yarı içtenlikli bir gülümseme ile:

- Bonvoyaj, dedi.

Hareket ettik...

Hareket eden otomobilin arkasında, Mustafa Kemal Paşa ile Latife Hanım'ın birlikte geçmiş iki yılı, anıları, kavgaları, mutlulukları bir başına kalıyordu. Latife arabaya girince kendisini koyuverdi; burnunu çeke çeke ağlıyordu... Kılıç Ali, avutucu sözler söylemeye çalışıyordu:

- Paşamızı siz, benden iyi bilirsiniz hanımefendi... Belki şu anda bile öfkesi geçmiştir. Sizi ne kadar sevdiğini dünya âlem bilir... Böyle olunca, üzülmenize hiç gerek yok... Biz, Salih'le bir parola kararlaştırdık. Mustafa Kemal Paşa'daki değişikliklerden Salih'e yol boyu bilgi vereceğim.

Latife, bu güzel sözleri büyük heves ve lezzetle adeta içiyor ve Kılıç Ali'nin ellerine sarılıyordu:

- Bir hiç yüzünden bu hale düştük. Kusurlarım olduğunu biliyorum. Hangi insan kusursuzdur!.. Mustafa Kemal Paşa hazretlerinin hiç mi kusuru yok?.. Araya girin, oh Kılıç Ali Beyefendim, yuvamız yıkılmasın!.. Paşa hazretleri bağışlasınlar beni... Kendilerine bir daha huysuzluk etmeyeceğime, işte şurada size söz veriyorum...

Kılıç Ali:

- Hiç üzülmeyin hanımefendi hazretleri... Çok yakın bir zamanda işlerin yoluna gireceğine inanıyorum. Döndüğüm zaman Gazi Paşa Hazretlerine konuştuklarımızı anlatabilir miyim?.. İzin verir misiniz?..

- Takdirinize bırakıyorum Kılıç Ali Beyefendi... İzin ne kelime!.. Nasıl uygun bulursanız...

Kılıç Ali, Kaplıcalarda indi ve kendisini geriden izleyen otomobiline binerek Erzurum'a döndü. Biz Erzincan'a geldik. Bir gecemizi Erzincan'da geçirmemiz gerekliydi. Vali ve Paşalar, şehrin ileri gelenleriyle birlikte Latife'yi karşıladılar. Saygı, tören kusursuzdu. Fakat sofrada olup biten, kısa bir zaman içinde halk arasına yayılmıştı. Şimdi de Latife'nin tek basına, benimle Ankara dönüşü söylentilerin yayılmasına yol açıyordu. Bir şifre ile durumu Kılıç Ali'ye bildirdim ve bu noktayı hatırlatmasını söyledim.

Doğrusunu söylemek gerekirse, ben de Mustafa Kemal Paşa'nın bir öfke ile bu kararı aldığına inanıyordum. Taraflardan biri, bir adım atsa, karşı taraf iki adımla karşılık verecekti. Bu nedenle Latife Hanım'ı, Mustafa Kemal Paşa'ya bir mektup yazmaya kandırdım. Mektubu burada, Kolordu Komutanı Asım Paşa'ya bırakacaktık ve iç içe iki zarf kullanacağımız için, Kılıç Ali'nin eline geçecek olan mektup, durum elverişli ise Gazi Paşa'ya verilecek; değilse, yine bize dönecekti...

Latife'nin de aklı kesmiş olmalı ki, üstelemeden oturup iki sayfalık bir mektup yazdı. Önce kendi okudu, sonra bana okudu, düzeltti ve temize çekti. Sonunda ilk zarfa Mustafa Kemal Paşa'nın, ikinci zarfa Kılıç Ali'nin adlarını yazarak zarfları kapattık ve Asım Paşa'ya verdim. Asım Paşa, Mustafa Kemal Paşa'nın olmadığı bir yerde ve sırada zarfı Kılıç Ali'ye verecekti...

"Hasta İyileşti!.."

Biz, ertesi günü hareket ettik. Uzun ve zahmetli bir yolculuktan sonra Kayseri'ye vardığımız zaman, vakit yatsıyı bulmuştu. Hemen bir iki lokma yiyip odalarımıza çekildik. Uykunun en ballı yerinde sabaha karşı kapı vuruldu, açtım, bir telgraf gelmişti:

"Hasta iyileşti. Gazi Paşa Hazretleri, Kayseri'den öteye gitmemenizi ve kendilerini beklemenizi rica ediyorlar... Kılıç Ali"

Atatürk'le Latife Hanım bir yurt gezisinde

Her şey, beklediğim gibi gelişiyordu. Bir süre sonra Latife Hanım da uyandı. Kahvaltıya indiği zaman telgrafı okudum; çıldırdı… Bu kez de sevincinden ağlamaya başladı. Bir an önce Gazi'ye kavuşmak istiyordu.

- Burda ne oturup bekleyelim… Gelecekleri yol, bizim geçtiğimiz Erzincan yolu değil mi?.. Dönelim gerisin geriye... Nerde rastlarsak, orda kavuşalım… Hem Kemal'e de sürpriz olur…

Telgraf gelir gelmez, Latife'nin "Mustafa Kemal Paşa Hazretleri"nden, "Kemal"e indiğini hemen fark ettim; fakat ne demişler: "Huy, canın altında…"

Erzincan'a doğru yola çıktık. Elli kilometre kadar gittikten sonra yol üstünde bir han vardı, hana inip birer kahve içmeye karar verdik. Daha kahvelerimizi bitirmemiştik ki, ince bir toz bulutu peyda oluverdi. Az sonra da Mustafa Kemal Paşa yanı başımızdaydı:

- Gördünüz mü hanımefendi, dedi; siz acele ettiniz ama, biz yine yetiştik!..

Yeni barışmış karı kocayı baş başa bıraktık. Biz bir kenarda Kılıç Ali ile olup bitenleri konuşuyorduk. Arkadaşım, gerçekten önemli bir iş becermişti. Anlatıyordu:

- Erzurum'a gider gitmez, olup biteni olduğu gibi anlattım; hatta bir parola kullanacağımızı söyledim. Sonra sordum: "Ne diyeyim Paşam?.. İyileşti diyeyim mi?.." Gazi Paşa: "Olmaz," dedi "yüksek ateş diye telgraf çek..." derken, Erzincan'a geldik. Asım Paşa senin bıraktığın mektubu bana verdi. Açtım, baktım, içinde bir zarf daha var ve Mustafa Kemal Paşa'ya yazılmış… Mustafa Kemal Paşa'nın yumuşadığını da biliyorum ya, hemen koşup kendisine mektubu verdim. "Oku" dedi, okudum. Gerçekten mektup güzel yazılmış. Latife Hanım'a sen de yardım ettin mi?.. Ettinse helal olsun... Gazi gülmeye başladı: "Bu apdestle o daha çok namaz kılar!.. Sen 'Kesb-i afiyet etti' (İyileşti) diye bir tel çek ve söyle, Kayseri'den ileriye geçmesinler, bizi orada beklesinler..."

Bu sırada Mustafa Kemal Paşa'nın sesi duyuldu:

- Kalkalım, hanımefendi... Yolcu yolunda gerek...

Otomobile binerken Latife Hanım:

- Salih Beyefendi ile Kılıç Ali Beyefendi'yi otomobile almayacak mısınız?.. dedi.

Mustafa Kemal Paşa, memnun olmuştu:

- İyi düşündün bunu Latif... Hem bu kez, bizimle gelmeyi iyice hak ettiler de...

Paşa, bize bakıp kıkır kıkır gülüyordu. Başyaver Rusuhi Bey, arkadaki otomobile geçti, biz Gazi Paşa'nın arabasına yerleştik. Güle oynaya yolun nasıl eridiğini fark etmedik bile... Ankara'ya geldiğimiz zaman, Gazi Mustafa Kemal Paşa ile Uşakizade Latife Hanım'ın evliliklerinin basübadelmevt' e (Ölümden sonra diriliş) uğradığını gülerek düşünüyordum. Ankara'ya gelince Gazi Paşa: "Sana verdiğim mektubu yırt at." dedi. Gözleri önünde yırttım. Nedense vazgeçti: "Sen, o parçaları gene de sakla, bir gün lâzım olur..."

"İşte ilk yenilginiz..."

Fakat söylemeliyim ki, bu "yeniden diriliş"in ömrü kısa oldu. Çünkü Mustafa Kemal Paşa'nın iyi niyeti, Latife ile olan evliliklerini kurtarmaya yetmedi... Latife; kültürüne, iyi eğitilmiş olmasına, ailesinin ününe rağmen kendisinin de aşamadığı bir noktası vardı. O noktaya gelince Latife bambaşka bir insan oluyor, pişman olabileceği şeylerin hepsini o anda yapıyordu. Yapmamak, elinde değildi. Nasıl bir çığı durdurmak mümkün değilse, Latife'nin kezzap gibi beynini yakan öfkesini de durdurmak, yatıştırmak mümkün değildi. Mustafa Kemal Paşa, Ankara'ya döndükten sonra bunu anlamakta gecikmedi...

Bir gün Kılıç Ali'ye şöyle söylemiş:

"Fransız gazetecisi Sertha, Latife'yi gördüğü gün, 'İşte ilk yenilginiz...' demişti. Galiba, kadının hakkı varmış!.. Bütün gayretlerime rağmen, Latife'ye bir yön veremiyorum. Korkarım ki, dört elle koruduğumuz aile ocağı, bir gün kendiliğinden yıkılıverecek!.."

Gazi Paşa, Erzurum dönüşü Ankara'da çok az kaldı ve Latife'yi de alıp Adana, Mersin'e bir ay süren bir gezi yaptı. Belki daha fazla da sürecekti gezi... Fakat Yunanistan'ın bazı pürüzler çıkarması ve İstanbul Patriği sorunu, onun çabuk dönmesine neden oldu. Sanıyorum ki bu geziyi, Latife ile bir yerde buluşmak, anlaşmak, aile ocağını korumakta birleşmek için yaptı. Bir çeşit balayı idi de denilebilir. Nitekim Mustafa Kemal Paşa'nın hayatında hiç bir şey değişmediği halde, Mersin'de portakal ve mandalin bahçeleri arasında Latife, adeta uysallaşmıştı. Umutlu bir gelecek düşündürüyordu, fakat bir ay sonra Ankara'ya dönünce aynı hırçın kadın oluverdi. Yine topuk senfonileri dinletti, yine çığlıklar Çankaya sırtlarında yansıdı...

Bu yüzden hepimiz perişan olmuştuk... Mustafa Kemal Paşa, Çankaya'da topuk sesleri dinlemekten bıktığı için bekarlık günlerinde yattığı Ziraat Okulu'ndaki dairesine gidiyor, her zamankinden fazla içiyor, sinirli ve öfkeli bir kişilik bağlıyordu. Biz de kendisiyle birlikte olduğumuzdan, bizim hayatımızın dengesi de kalmamıştı. Nerde akşam, orda sabah haline gelmiştik... Ve bu yaşam biçimimiz, Mustafa Kemal Paşa'nın devlet işlerini aksatmasa bile, Mustafa Kemal Paşa'yı eritiyordu...

"Kararım kesindir, boşandık!.."

1925 yılının ağustosunu yaşıyorduk. Mustafa Kemal Paşa ile birlikte Ziraat Okulu'ndaki dairesinde içki içip sohbet ettikten sonra, evlerimize dağıldık. Vakit erkendi. Bu saatlerde yatmaya alışmadığım için, kitap okuyordum. Bir motor sesiyle toparlandım. Çünkü Mustafa Kemal Paşa, bizi veya başka arkadaşlarını hemen çağırtmak isterse, motorlu haberci gönderirdi. Nitekim gelen haberci, "Kılıç Ali'ye de uğradığını, Gazi Paşa'nın bizi hemen Çankaya'da beklediğini" söyledi. Hemen otomobilime atlayıp Kılıç Ali'yi de alarak Çankaya'ya çıktım.

Gazi Paşa,bir kanepeye uzanmış, göğsü bağrı açık, mosmor yatıyordu; Yaver Muzaffer, etrafında dönüyor, hizmet etmeye çalışıyordu...

- Ne oldu?.. diye sorduk.

Yaver, hemen hiçbir şey söylemeden, omuzlarını kaldırmakla yetindi.

- Doktor çağırdınız mı?.. dedim.

Gazi, yattığı yerden kesin konuştu:

- Doktor istemez!..
- Paşam ne oldu size?..
- Hiç bir şey, hiçbir şey...

Kravatını çözdük, gömleğini açtık, lavaboya götürüp

güzelce yüzünü yıkamasına yardım ettik. Biraz kendine geldi.

Bana:

- Hemen dedi, arabayı hazırlat... Yozgat'a gidiyoruz...

Koşup, arabanın hazırlanmasını gerekenlere söyledim. Döndüğüm zaman, Gazi Paşa, yaverler bölümüne geçmiş, Başbakan İsmet Paşa ile konuşuyordu:

- Kararım kesindir, boşandık!.. Anadolu Ajansına, durumu açıklayan uygun bir bildiri gönderiniz, yayınlasınlar! Ben, Salih'le Yozgat'a gidiyorum. Latife, her halde yarınki trenle İzmir'e gönderilsin... Haberi, Yozgat'ta bekleyeceğim... Kılıç'ı, size yardım etsin diye Ankara'da bırakıyorum... Telefonunuzu beklerim. Allahaısmarladık...*

Bana döndü:

- Hadi, gidelim...

- Kuvvetli bir Benz-Mercedes yola yatmış, bizi Yozgat'a doğru uçuruyordu...

Gazi Paşa'nın anlattıklarından ve Kılıç Ali'den öğrendiklerimden çıkardığıma göre, anlatılması son derece güç bir olay olmuştu.

Gazi Mustafa Kemal Paşa, bizden ayrıldıktan sonra Çankaya'ya gelmiş, fakat Latife'nin sitemlerini dinlememek için bir süre bahçede dolaşmış; bu arada, köşk kapısındaki askerle görüşmeye başlamış. Gazi Paşa'nın en sevdiği şeylerden biri, erlerle görüşmekti. Yine onlara çeşitli şeyler soruyor, sınavdan geçiriyormuş...

---

* Daha geniş bilgi ve ayrıntı için bkz. İsmet Bozdağ, *Gazi ve Latife.* Tekin Yayınevi, s. 230-238.

Tam bu sırada Latife, köşkün balkonunda görünmüş. Son derece yüksek bir sesle ve yakışıksız biçimde bağırmış:

- Kemal, buraya gel!.. Mahalle arkadaşlarınla yarenlik bitti, şimdi askerlerle mi içli dışlı oluyorsun. Koskoca adamsın, ayıp!..

Mustafa Kemal Paşa, bu sözler üzerine fenalık geçirmiş ve bizi çağırtmış!.. Biz daha Yozgat'a varmadan İsmet Paşa'nın Özel Kalem Müdürü Vedid Bey, Çankaya'ya gelmiş ve Reisicumhur hazretlerinin kararıyla Başvekil, Paşa'nın bildirisini Latife'ye ulaştırmış: "Yarın sabah İzmir'e hareket edecektir. Gereken hazırlık hemen tamamlanmış olacak!.."

Sabahleyin Latife'yi trene götürecek arabaya Latife'den başka Kılıç Ali ve Yaver Rusuhi binmiş... Yolcu etmek için de Başvekil İsmet Paşa ve Genel Kurmay Başkanı Fevzi Paşa gelmişler. Bazı hükümet üyeleriyle, bazı milletvekilleri de bulunmuşlar. Latife perişan, yıkılmış... Yolda Kılıç Ali'ye:

- Birkaç ay önce kopan bir ayrılığı önlemiştiniz. Size bunun için yeniden teşekkür ederim. Son ümidim yine sizsiniz... Eğer bu ayrılığı bir kere daha önleyebilirseniz, size ömrümce borçlu kalırım. Bana çalışacağınızı vaad ediyorsunuz, değil mi?.. demiş...

Benim gibi, Kılıç Ali de bu beraberliklerden umudunu kestiği için, fazla bir şey söylememiş:

- Elimden geleni yapacağım, hanımefendi hazretleri!.. demekle yetinmiş...

Atatürk ve Latife Hanım, İzmir'den Ankara'ya dönüş yolunda Menemen'de

"Kurtuluş ve barış getireceğine inanıyorum!.."

Türkiye Cumhuriyeti Cumhurbaşkanı Mustafa Kemal Paşa ile İzmir'in tanınmış ailelerinden Uşakizade Muammer Bey'in kızı Latife Hanım arasındaki evlilik, işte 2 yıl, 6 ay, 4 gün sürdükten sonra, 25 Ağustos 1925 tarihinde göz yaşlarıyla ıslanarak böyle sona erdi...

Mustafa Kemal Paşa'nın evliliği üzerinde söyleyeceklerimi burada bitirirken, elimde kalan iki mektubu da olduğu gibi tarihe bırakacağım.

Bu mektuplardan biri, Mustafa Kemal Paşa'nın Erzurum'da yazıp İsmet Paşa'ya verilmesi için bana emanet ettiği mektuptur ki, Latife Hanım'la barışınca mektubu önce yırttırmış, sonra da vazgeçerek parçaların saklanmasını istemiştir...

Erzurum: 9.10.1924

Azizim İsmet,

Latife Hanım, benden önce Ankara'ya geliyor. Birlikte geziyi sürdürmeyi uygun görmedik. Çünkü iki yıllık deneme, birlikte yaşama olanağı bulunmadığına bizi inandırdı. Kararımı kendisine söyledim. Çok kederli ve üzüntülüdür. Yüce kişiliğinizin ve belki de Fevzi Paşa hazretlerinin anlaşmamız için aracı olmanızı rica edecektir. Kararım kesindir. Sadece, kendisinin olsun, ailesinin olsun onur ve haysiyetini örselemek istemiyorum. Kendisine ve ailesine saygı ve dostluğumu koruyacağım. Ayrılma biçimini Ankara'da kararlaştırırız. Sakin ve rahat olarak İzmir'e gitmeye razı olmasını sağlamak gerektir. Gözlerinizden öperim.

Gazi M. Kemal

Atatürk, Latife Hanım ve Kâzım Karabekir Paşa Akhisar'da

Latife Hanım, Mustafa Kemal Paşa'dan ayrıldıktan aylar sonra, bana İzmir'den aşağıdaki mektubu gönderdi:

Göztepe:

Salih Bey,

Tanıştığımız, içinde günlerce bütün bir içtenlikle yaşadığımız Beyaz Ev'den yazıyorum. Gerçi en üzüntülü dakikalarımı yaşarken beni aramadınız. Sizi, Mahmut Bey'den birkaç kez sordum. * *Hatta, ayrılık görevini de kendisinden rica ettim. Belki, bu umursamazlığınızdan ötürü, sizi, Ankara'da aramak cesaretini kendimde bulamadım. Fakat siz, alnında bir tek leke bulunmayan ata armağanı evimizde, uğurlu ve hayırlı bir konuk olarak yazılısınız... Burada sizi anımsamamak, o güzel geçmişi gömmek demektir. Oysa ki ben nankör değilim!..*

Salih Bey, sen kızarsın, söylenirsin ama, büyük niteliklerin vardır. İçtenlikle dolusun ve her zaman gerçeği söylersin. İnsanların, yüzüne söyleyemeyeceğin şeyi de arkasından söylemezsin! Babasın! Evlatların için ağlarsın!..

Zavallı annem sürekli olarak seni sayıklıyor... Çünkü, o kara ruhlu herifin yerine ** *sen olsaydın, beni bir cambaz gibi ipte oynatmazdın. Gerçeği söylerdin bana... Ama zarar yok!.. Bu dünya elbette ona da kalmaz!..*

Salih Bey;

---

* Sözünü ettiği "Mahmut Bey", Siirt Milletvekili Mahmut Soydan olabileceği gibi, Atatürk'ün eşi iken, kendisini TBMM'nin bir icap oturumuna götüren Yaver Mahmut Bey de olabilir.

** Kılıç Ali Bey'den söz etmek istiyor. Kendisi için ne kadar çalıştığını yakından gördük.

Bundan üç yıl önce bana babalık görevi yapacağınızı babama vaad etmiştiniz! O şimdi Avrupada. İşlerine engel olmamak için burada olduğumu kendisine haber bile vermedim. Artık bir keder yığını gibi rasladığı her koltuğa çöken bir annem ve yaşlılık yıllarında benim yüzümden kötü davranışlara uğrayan bir büyükannem var. Öksüzüm. Kimsem yok. Onun için, ikinci babalık görevini benimseyen ve sözünün eri olan Salih Bey'e yazıyorum: Git, Paşa ile görüş! Ben Kocama güvenirim: Çünkü, değer bilir, yüksek ruhludur, insandır!.. Aramızdaki gerginliğe son vermesini, güzel bir geçmişin vereceği güçle, rica et!.. Ben, kendisine yazdığım mektupta, seni eşinle göndermesini kendisinden rica ettim. Bir haftadır, yemesiz uykusuz, idam hükümlüsüyüm... Nedenleri, çocukluk!.. Oysa çocuklar, böylesine ağır cezadan bağışıktırlar. Salihsin!.. Kurtuluş ve barış getireceğine inanıyorum.

Lâtife Gazi Mustafa Kemal

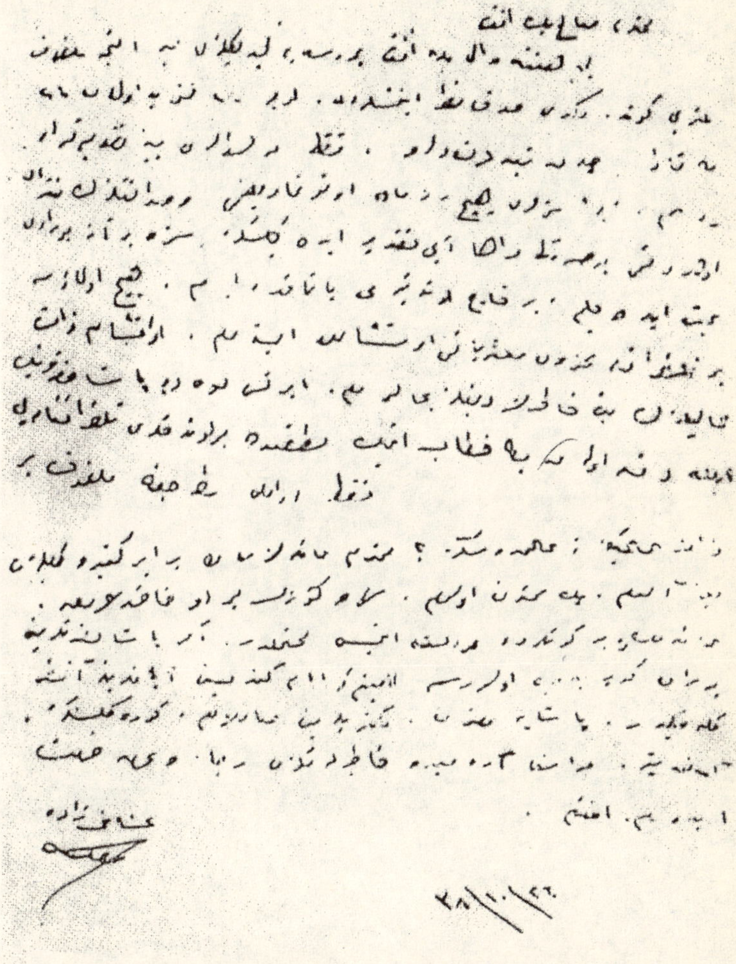

Latife Hanım'ın Salih Bozok'a yazdığı mektuplardan biri

Mustafa Kemal Paşa'nın Dolmabahçe sarayındaki katafalkı

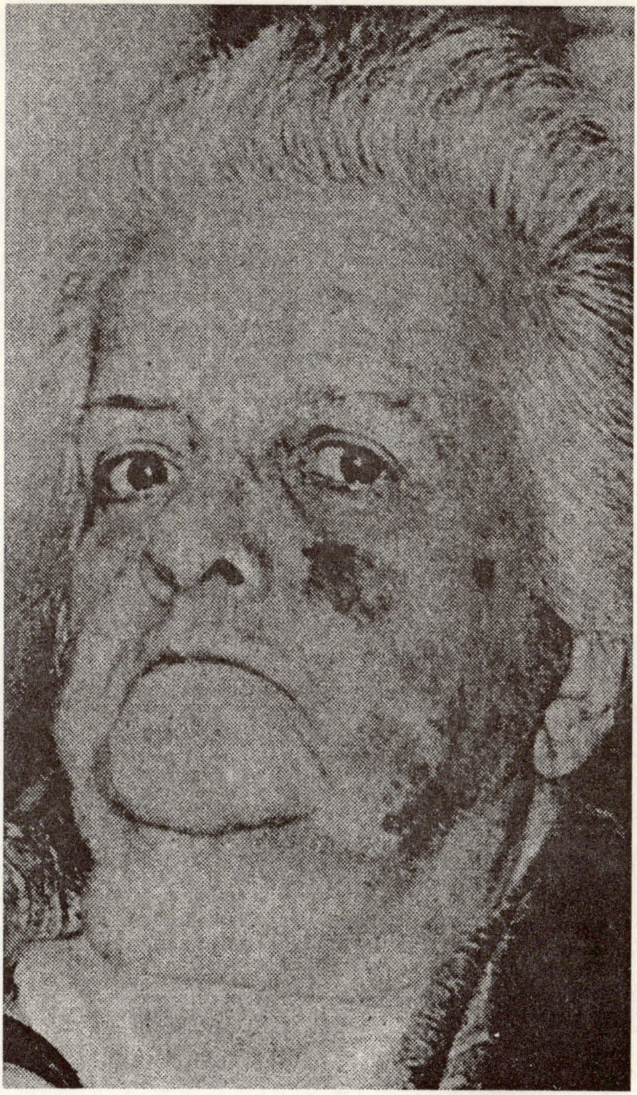

Latife Hanım'ın, 1975'te, ölümünden kısa bir süre önce alınan son fotoğrafı

TRUVA / SİYASET

1. **ŞEYTANA SON** - Terörde Savaş Nasıl Kazanılır?
   Richard Perle-David Frum
   Çev. Gökçe Kaçmaz
2. **HAYDUT MİLLET** - Dünyanın Bilmediği Amerika
   Peter Scowen
   Çev. Attila Berkeoğlu
3. **BÜYÜK ORTADOĞU PROJESİ VE TÜRKİYE**
   Abdullah Şahin
4. **KISIR DÖNGÜ** - Türkiye'de Üniversite Ve Siyaset
   Doç. Dr. Ali Arslan
5. **CASUSLUK** - 20. Yüzyıl'ın En Büyük Casusluk Operasyonları
   Ernest Volkman
   Çev. Sevda Kubilay–Melike Atik
6. **MODERN SAVAŞLARI KAZANMAK** - Terörizm ve Amerikan İmparatorluğu
   General Wesley K. Clark
   Çev. Attila Berkeoğlu
7. **SİSTEM DE ÇÖKTÜ İNSAN DA ÇÖKTÜ**
   Memduh Bayraktaroğlu
8. **DARAĞACINDA BİR BAŞBAKAN** – Menderes! Menderes!
   İsmet Bozdağ
   (3 baskı)
9. **TARİHİN SEYRİNİ DEĞİŞTİREN GİZLİ AJANLAR**
   Ernest Volkman
   Çev. Enver Günsel

TRUVA / EDEBİYAT

1. **DA VINCI ALDATMACASI** (Roman)
   Thomas Swan
   Çev. Serhan Nuriyev
   (3 baskı)
2. **DERYALARI DİZE GETİRENLER** (Roman)
   Raif Karadağ
3. **SAHTE MELEKLER** - Hortumcuzadeler (Roman)
   Memduh Bayraktaroğlu
4. **AŞKI SEVEN BEŞ KADIN** (Öykü)
   İhara Saikaku
   Çev. Sevda Kubilay
5. **KUTSAL KADIN** (Roman)
   Qaisra Shahraz
   Çev. Deniz Arslan
6. **ÇÖL KAHRAMANI** (Roman)
   Donya Al-Nahi
   Çev. Serhan Nuriyev
7. **ATTİLA** – Tanrı'nın Kılıcı (Roman)
   Ross Laidlaw
   Çev. Selim Yeniçeri

TRUVA / SAĞLIK

1. **DİYET Mİ NİYET Mİ?**
   Memduh Bayraktaroğlu

TRUVA / TARİH

1. **SÜRGÜNDE ÜÇ ÖLÜM** - Enver, Talat ve Cemal Paşaların Bilinmeyen Yönleri
   Emir Şekip Arslan
   Haz. Ömer Hakan Özalp
   (4 baskı)
2. **CEHENNEM DEĞİRMENİ** - Siyasi Hatıralarım
   Rauf Orbay
   (2 baskı)
3. **HEDEFTEKİ SULTAN II. ABDÜLHAMİD** - Bir Siyasi Tarih Denemesi
   Dr. Vahit Çabuk
   (2 baskı)
4. **HAREM PENCERESİNDEN II. ABDÜLHAMİT**
   İsmet Bozdağ
5. **KÜRT İSYANLARI**
   İsmet Bozdağ
6. **BİLİNMEYEN ATATÜRK** – Celal Bayar Anlatıyor
   İsmet Bozdağ
   (2 baskı)
7. **KIZIL MEYDAN'DAN TAKSİM'E** - Siyasette, Kültürde ve Sanatta Türk-Sovyet İlişkileri
   Raşid Tacibayev
8. **OSMANLI'NIN İLK YAHUDİ SOSYALİSTİ** - Avram Benaroya ve Faaliyetleri
   Emre Polat
9. **LATİFE VE FİKRİYE - İKİ AŞK ARASINDA ATATÜRK**
   Atatürk'ün Başyaveri Salih Bozok Anlatıyor
   İsmet Bozdağ

TRUVA / İNCELEME–ARAŞTIRMA

1. **MOR BAKIŞLAR** - Kadının Sırtından Sopa Eksik Olmuyor
Cahide Günay
(2 baskı)
2. **ATATÜRK'TEN İNSANLIĞA YOL GÖSTEREN SÖZLER**
Derleyen: Selman Kılınç
(2 baskı)
3. **PRENSES DIANA CİNAYETİ** – Yüzyılın Yalanı
Noel Botham
Çev. Sevda Kubilay – İrem Özel
4. **MEDYA İMPARATORLUĞU** – İhtilaller, İhaleler ve
28 Şubat'ın Kutsal İttifakı
Hamit Karalı
5. **ATATÜRK'TEN TÜRKİYE'YE IŞIK TUTAN KONUŞMALAR**
Derleyen: Doç. Dr. Halil Bal

TRUVA / EKONOMİ

1. **AÇIK TOPLUM** - Küresel Kapitalizmde Reform
George Soros
Çev. Doğan Selçuk Öztürk

TRUVA / METAFİZİK

1. **DÜNYANIN SONU 2009** - Mesih Ve Armagedon Kehanetleri
Peter Lorie
Çev. Attila Berkeoğlu
(4 baskı)
2. **NOSTRADAMUS 2003-2025 KEHANETLERİ** -
Geleceğin Tarihi
Peter Lorie
Çev. Seda Çöl